Cuando leí "La Vaca", prim[...] mis manos, comprendí que [...] enorme creatividad. "Contador de historias" me lo demuestra una vez más. Un libro hermoso, entretenido y motivador, cualidades inherentes a la obra literaria de Camilo. Este es un libro despojado de academicismos banales. Sus historias, por sí solas, bastan para educar, motivar y ponernos a pensar. Estoy seguro de que esta obra marcará pautas en la literatura motivacional de habla hispana.

—*Ismael Cala, escritor, periodista y presentador de televisión*

Un libro sorprendente que me ha encantado. Camilo Cruz hace lo que pocos escritores o conferencias se atreven a hacer: regalarnos las historias que ha desarrollado a lo largo de toda su vida. Estas creaciones y arreglos originales reflejan la esencia de este gran hombre. Querido lector, te invito a que leas, disfrutes y aproveches este valioso tesoro.

—*Carlos Cuauhtémoc Sánchez*

A lo largo de todos estos años como conferencista he podido confirmar una y otra vez la veracidad de aquel viejo dicho que asevera que así "las cifran hablen, las historias venden!" La historia adecuada o la anécdota ideal son la mejor manera de comunicar un concepto o una idea y persuadir. ¡Y no hay mejor contador de historias que mi amigo, Camilo Cruz! Lea este libro, luego vuelva a leerlo y compártalo con sus amigos. Sin duda, esta es una de las grandes obras sobre el storytelling; una herramienta vital para convertirse en un comunicador y contador de historias persuasivo y eficaz.

—*Dr. Willie Jolley, autor del bestseller Solo toma un minuto cambiar su vida.*

Si con la historia de La Vaca impactó la vida de muchos de nosotros, con esta maravillosa recopilación de historias, Camilo Cruz vuelve a dar en el clavo. Es imposible leer este libro y no identificarnos con cada una de sus narraciones. Lo mejor es que no se limita a relatarlas, sino que nos enseña por qué, cómo y cuándo contarlas. Esta obra es una herramienta clave para todos los que amamos el arte de comunicar. El contador de historias es un libro sencillo, profundo y práctico, tal como debe ser una buena historia para la reflexión y el aprendizaje.

—*Rafael Ayala, escritor y conferencista*

Camilo Cruz es un comunicador impactante, persuasivo, emotivo y auténtico. Estoy convencido de que, como un pensador, autor y contador de historias, Camilo llevará a todo aquel que lee o escucha sus historias al siguiente nivel.

—*Brian Tracy, autor y conferencista*

Solo las experiencias emocionales tienen el poder de transformar nuestra existencia, de manera profunda y duradera. El Doctor Camilo Cruz nos recuerda a través de este fascinante libro, lleno de reflexiones útiles, mística y generosidad, que las historias alimentan nuestras emociones y nos impulsan hacia la acción. No me cabe duda de que estamos ante un libro profundamente inspirador y sabio, escrito con la magia que otorga el gran poder que tienen las buenas intenciones. En hora buena.

—*Juan Diego Gómez Gómez Coach, escritor, conferencista y YouTuber número 1 del mundo en Educación Financiera*

El Dr. Camilo Cruz es uno de los escritores y conferencistas más destacados en el campo del desarrollo personal. La sabiduría que comparte a través de sus relatos e historias le permitirán ejercer una enorme diferencia a través del mundo entero produciendo resultados inmediatos en las vidas de aquellos que las ponen en práctica".

—*Mark Víctor Hansen, co-autor de la serie Sopa de pollo para el alma*

En esta obra, Camilo Cruz nos deja claro que en lo que a la comunicación efectiva se refiere, más importante que los números y las estadísticas es conectarnos con nuestro público y lograr inspirarlos para que puedan llevar sus ideas a la acción utilizando lecciones de sabiduría que nos acompañarán durante el camino.

—*Fernando Gonzalez-Ganoza, respresentante de Robert Kiyosaky para Latinoamérica*

El Dr. Camilo Cruz presenta un hallazgo trascendental en su libro El contador de historias: nuestra efectividad para comunicarnos no se limita al hecho de narrar sucesos y transmitir mera información, más bien, al vínculo emocional que se logra a través de saber contar y transmitir una historia, con el fin de persuadir, cautivar e inspirar a quien nos escucha. En esta obra el lector podrá echar un vistazo a historias cortas pero fascinantes a modo de reflexión, con principios prácticos que le ayudarán a tomar decisiones en su vida cotidiana; identificar sus virtudes, eliminar pensamientos tóxicos, taras mentales y otros limitantes, para así alcanzar su máximo potencial y objetivos.

—*Marcos Witt, pastor, escritor y músico ganador de varios premios Grammy*

Con este nuevo libro, Camilo Cruz nos presenta muchas de sus historias más impactantes en el momento preciso. El contador de historias es el espaldarazo perfecto para descubrir los principios que nos muestren el camino al éxito. Cada uno de los relatos nos recuerda que más que un derecho, ser feliz y alcanzar la plenitud es un deber de los seres humanos. Gracias a los libros y enseñanzas del Dr. Camilo Cruz he "sacudido" mi vida en los últimos años, sin duda los mejores que he vivido.

—*Diana Álvarez, escritora, conferencista y presentadora de televisión*

Cuando conocí a Camilo Cruz ya era un escritor famoso; sus libros se vendían en muchos países y era invitado de honor en las ferias más prestigiosas del mundo. Sin embargo, ahí estaba, sentado en una clase de escritura creativa que yo enseñaba, buscando aprender como mejorar en su tarea de escribir historias. Cuando le pregunté qué hacía allí un escritor tan exitoso como él me respondió con una de las historias que comparte en este libro: La taza de té; un relato sobre la importancia de mantener la mente siempre abierta a la posibilidad de descubrir algo nuevo que nos permita aprender, crecer y mejorar. Ahora sé que la magia de sus relatos está en que las historias que cuenta son un reflejo de lo que él cree y practica. Ese es el Camilo Cruz que conozco, un contador de historias inolvidables.

—*Juan Diego Mejía, novelista*

Durante miles de años las historias han sido la herramienta educativa preferida del ser humano para comunicar, enseñar y aprender. En la nueva economía las historias han probado ser la manera más efectiva para dar a conocer nuestras empresas y hablar de nuestros productos, ilustrar principios de éxito, comunicar emociones y generar cambios. Por esta razón amo las historias y soy un fiel creyente de su poder. En este libro, Camilo Cruz presenta, de forma maravillosa, historias impactantes que le ayudarán al lector a comunicar sus ideas de una manera mucho más persuasiva y eficaz. Estoy convencido de que esta obra está destinada a convertirse en un poderoso instrumento de desarrollo personal y profesional.

—*Jürgen Klaric. Master Coach y Conferencista*

Este nuevo libro de Camilo Cruz recoge su vasta experiencia en temas de desarrollo personal y se constituye en un instrumento valioso para todos aquellos que se interroguen sobre el poder de las historias para comunicar, persuadir y transformar. Escrito en un lenguaje pulcro y bien cuidado, apoyado en el uso de diversos recursos literarios, El Contador de Historias reúne una serie de bellos relatos que invitan a los lectores a recapacitar sobre la forma como enfrentan diferentes situaciones de la vida y a realizar una autocrítica constructiva que conduzca a modificar creencias y comportamientos. Cada relato posee un gran poder evocador y de representación de donde se pueden derivar enseñanzas y reflexiones de utilidad práctica para corregir actitudes personales erróneas.

—*Rebeca Marsa, novelista*

DR. CAMILO CRUZ

EL CONTADOR DE HISTORIAS

DESCUBRE CÓMO LOS LÍDERES CONECTAN, ATRAEN E INSPIRAN A TRAVÉS DEL <u>STORYTELLING</u>

TALLER DEL ÉXITO

EL CONTADOR DE HISTORIAS

Publicado por:
Taller del Éxito, Inc.
1669 N.W. 144 Terrace, Suite 210
Sunrise, Florida 33323
Estados Unidos
www.tallerdelexito.com

Editorial dedicada a la difusión de libros y audiolibros de desarrollo y crecimiento personal, liderazgo y motivación.

Corrección de estilo: Nancy Camargo
Diagramación: Carla Bórquez Carrillo
Diseño de carátula: Diego Cruz

ISBN: 978-1-60738-462-5

Printed in the United States of America
Impreso en Estados Unidos

18   19   20   21   22   R|UH   06   05   04   03   02

Contenido

"Enséñame algo y aprenderé.
Dime la verdad y creeré.
Pero cuéntame una historia
y vivirá en mi corazón por siempre".
—Proverbio cheroqui

PRÓLOGO

"No hay peor agonía
que llevar dentro una historia
que aún no nos hemos atrevido a contar".
—Maya Angelou

Hola, soy Camilo Cruz, contador de historias. Durante los pasados 25 años me he desempeñado en múltiples profesiones —profesor universitario, escritor, empresario, conferencista, asesor empresarial y otras más—. Sin embargo, en cada una de estas actividades mi función principal ha sido siempre la misma: contar historias.

Si bien contar historias es hoy parte de mi naturaleza, no siempre fue así. Después de terminar un Doctorado en Ciencias, descubrí que diez años dedicados al estudio de la química, la física y las matemáticas me habían condicionado a aceptar una realidad fundamentada en teorías, estadísticas, información empírica, hipótesis científicas y sistemas lógicos; un escenario en el que parecía no haber espacio para las historias.

Luego, durante mis primeros años en el mundo de los negocios, el panorama no fue muy diferente. Me encontré sumido en un universo en el cual lo único relevante eran las cifras y los porcentajes, las proyecciones de ventas, los precios y los costos. Hoy, las cosas han cambiado. El mundo empresarial ha descubierto que el storytelling, o arte de contar historias, es la manera más efectiva de generar una mayor empatía y conexión emocional tanto con los clientes como con los equipos de trabajo. No obstante, en aquella era, lo que importaba eran "los números duros", pero fueran las cifras las que hablaran y el precio el todo lo demás salía sobrando.

En lo que a mí se refiere, siempre he creído que, así las cifras hablen, son las historias las que venden.

¡Sé lo que estás pensando! *Camilo, es posible que así sea en el campo de las ventas, pero yo no soy vendedor.* Si crees eso, quiero pedirte que, por un instante, consideres la siguiente proposición:

¡Todos somos vendedores!

Seas consciente o no de ello, todos estamos vendiendo constantemente ya que el acto de vender no se limita al ofrecimiento de un producto o servicio. El empresario independiente que comparte una oportunidad de negocio con un grupo de prospectos está vendiendo al igual que el padre que busca persuadir a sus hijos para que adopten los valores que les serán de mayor beneficio en la vida. También están vendiendo el profesor que se esmera en preparar su clase con el ánimo de entusiasmar a sus estudiantes con la idea de aprender, el coach o asesor personal que intenta ayudar a su cliente a mejorar algún aspecto de su vida y el líder que trata de inspirar o motivar a su equipo de trabajo hacia el logro de sus objetivos.

Y no solo todos ellos están vendiendo, sino que, en cada uno de sus contextos, un breve relato o una anécdota pueden ser la diferencia entre que su mensaje llegue y perdure o pase desapercibido y caiga en el olvido.

¿A qué se debe que una historia tenga el poder de marcar 'iferencia cuando estás transmitiendo una idea? En par-
debido a que los seres humanos somos criaturas emo-
l y las historias nos permiten asimilar las ideas más
puesto que se conectan con nuestras emociones.

La razón por la cual tú y yo compartimos cualquier tipo de información con otras personas —llámala propuesta, plan, consejo, objetivo, oportunidad de negocio o enseñanza— es porque deseamos motivarlas a actuar. Queremos crear en ellas la necesidad de tomar una decisión o estimularlas a aprender una lección que produzca un cambio específico en su comportamiento, y nada de esto ocurre a menos que exista un compromiso emocional de su parte.

Es por eso que mi interés con este libro no es, simplemente, presentar un análisis teórico de este bello arte de contar historias, escudriñar sus orígenes y su evolución a través de los siglos o discutir los hallazgos que la sicología y la neurociencia han realizado en las últimas décadas acerca del poder de las historias. Fuera de exponer varios conceptos y apreciaciones generales que encontrarás en la Introducción y en el último capítulo, cuyo fin es ilustrar la efectividad de contar historias, he querido darle al libro un enfoque práctico. Y para ello decidí seleccionar y compartir contigo algunos de los relatos que me han permitido llevar mis ideas a millones de personas en más de un centenar de países a través de mis libros y conferencias.

Construí varias de estas historias a partir de frases e ideas sueltas, o reconociendo el valor metafórico de ciertas anécdotas y experiencias con las que me he tropezado en mis múltiples lecturas. Unas cuantas surgieron de recrear o ambientar aforismos, cuentos o leyendas, presentándolos en un contexto más amplio que permitiera valorar mejor las enseñanzas que encierran. Otras forman parte de la tradición oral o el dominio público, y pese a que han sido compartidas anteriormente por otros autores, mi intención fue reinterpretarlas o adaptarlas para que pudiésemos apreciarlas desde otra óptica.

En cada capítulo encontrarás ejemplos concretos de cómo una historia puede ayudarnos a comunicar nuestras ideas de una manera más impactante, generando en quienes nos escuchan un vínculo emocional a tal nivel que todos los datos y cifras jamás lograrían —vínculo que facilita la toma de decisiones ya que nos ayuda a superar los temores y barreras que obstaculizan la acción—, porque, si bien es cierto que la información comunica, son las historias las que persuaden.

Entiendo que nos guste pensar que somos seres perfectamente racionales y que antes de actuar o tomar una decisión medimos los efectos de nuestras acciones, sopesamos los beneficios y consecuencias con cabeza fría y nos apoyamos en datos e información objetiva. No obstante, numerosos estudios en el campo de la neurociencia muestran que muchas de nuestras decisiones, por meditadas y racionales que parezcan, son emocionales. Algunos investigadores van un poco más lejos y aseveran que, así nuestras decisiones den la impresión de ser el resultado de una evaluación racional minuciosa de la información recibida, lo que en verdad sucede es que, muchas veces, utilizamos las cifras y los datos para justificar y respaldar lo que ya hemos decidido basados en nuestras emociones.

Así algunos crean que las emociones lo único que logran es interferir con el buen juicio y obstaculizar la toma de decisiones sensatas, la evidencia neurológica demuestra lo contrario. Científicos del Departamento de Neurociencia de la Universidad del Sur de California concluyeron que las emociones siempre parecen estar al servicio del mejor interés de quien las toma.

En síntesis, ya sea que lo admitamos o no, actuamos desde lo que sentimos. Todas nuestras decisiones son, primero, emocionales. Crear una empresa, cambiar una conducta, sa-

lir tras un sueño o arrancar un proyecto jamás se converti-
rían en una realidad si no fuera por un impulso emocional
que nos ponga en marcha.

La acción requiere emoción y las historias son el combus-
tible preferido de nuestras emociones.

Supongo que es posible pensar que esto de contar historias es un invento de las empresas de mercadeo para posicionar sus marcas y productos, o que el hecho de que hoy la
técnica de *storytelling* haga parte del currículo de muchas de
las universidades y escuelas de negocios más prestigiosas se
debe a que el mundo empresarial ha descubierto una nueva y poderosa herramienta para lograr una mayor conexión
con sus clientes, colaboradores y equipos de trabajo. Sin embargo, esto es cierto, solo parcialmente. Es innegable que
contar historias y disfrutar de ellas es parte de nuestro ADN
emocional. No es la última moda de la gestión empresarial,
ni es un invento de marketing, ni nació con la televisión,
la Internet o las redes sociales, sino que es una práctica tan
antigua como la Humanidad misma.

Para entender el origen de esta fascinación que los seres
humanos parecemos sentir con respecto a las historias tendríamos que remontarnos a la época de las cavernas, cuando,
por medio de dibujos y bocetos grabados en piedra, nuestros
primeros antepasados buscaban dejar plasmadas aquellas vivencias e impresiones del mundo que les rodeaba y que consideraban importantes en sus vidas.

Más adelante, vendrían las historias contadas de manera
oral. No es difícil imaginar a los miembros de una tribu sentados alrededor de una hoguera escuchando absortos mientras

el más anciano de ellos compartía tradiciones y creencias que habían pasado de una generación a otra durante miles de años.

Posteriormente, nos encontramos con las narraciones escritas. Y al igual que con las pinturas rupestres o la tradición oral, el objetivo es, por lo menos en parte, el deseo de preservar las costumbres, creencias religiosas, valores y conocimientos, tanto en el espacio como en el tiempo. La Biblia y otros libros sagrados son ejemplos de cómo el contar historias, de manera oral o escrita, ya sea a través de parábolas, cantos, leyendas, metáforas, etc., ha servido para moldear comportamientos, establecer normas culturales, hacer juicios y enseñar principios morales.

Todo esto indica que lo que subyace en el fondo de esta práctica no es más que la ambición de generar emociones que nos conecten a unos con otros. De ahí que a todos nos guste escuchar o leer una buena historia y que de niños quedáramos atrapados por los cuentos y las fábulas que nos relataban nuestros mayores. Las emociones que nos producen las historias son la razón por la cual nos trasnochamos hasta terminar de leer un libro, vemos una película de tres horas sin ni siquiera ir al baño por temor a perder algún detalle o escuchamos a un orador con total atención y luego realizamos cambios radicales en nuestra vida basándonos en lo que hemos oído.

Los mejores comunicadores son extraordinarios contadores de historias. Los escritores, líderes, profesores, empresarios o coaches más sobresalientes son aquellos que se han dado a la tarea de aprender cómo contar historias.

Sin duda, todos tenemos una historia que compartir. No importa si lo hacemos para construir un negocio o para establecer un puente de comunicación con otro ser humano.

Espero que este libro te permita apreciar el hermoso arte del storytelling y te dé algunas ideas sobre cómo utilizar el poder de las historias para construir la vida, el negocio y las relaciones que anhelas. Te deseo mucho éxito en este nuevo camino como contador de historias.

INTRODUCCIÓN

*"Yo lo único que he querido hacer en mi vida,
y lo único que he hecho más o menos bien,
es contar historias. Pero nunca imaginé
que fuera tan divertido contarlas colectivamente".*
—Gabriel García Márquez

Estoy convencido del poder de las historias para transmitir ideas, ilustrar principios de éxito, comunicar emociones y generar cambios. Es claro que la información compartida a manera de historia llega y encuentra cabida en nuestro cerebro mucho más rápido que las explicaciones basadas puramente en conceptos teóricos. Jennifer Aaker, sicóloga y profesora de la Universidad de Stanford, asegura que nuestro cerebro está diseñado para recordar historias y que estas perduran hasta 22 veces más en nuestra mente que las cifras y los datos. Imagínate lo que significa tener a nuestro alcance una herramienta que nos permita incrementar en un 2.200% las probabilidades de que la gente recuerde lo que le estamos diciendo.

¿Es esto factible? Veamos. Quiero pedirte que pienses en alguna historia, sobre cualquier tema, que hayas visto en televisión o escuchado de alguien en los pasados tres meses. Ahora, es posible que durante este tiempo también hayas escuchado algún tipo de estadísticas, cifras o datos relacionados con este mismo tema. Mi pregunta es: ¿cuál de estos dos tipos de información recuerdas con mayor facilidad? La historia, ¿no es cierto?

Pero, ¿qué sucede si debes comunicar cifras o conceptos puntuales? La Dra. Aaker agrega que si logramos que dichos números o conceptos vayan entremezclados con una historia, su poder de persuasión aumentará de manera exponencial ya que habremos involucrado la razón y las emociones de nuestro interlocutor.

Esto resulta muy importante porque, ya sea que estés compartiendo una oportunidad de negocio con un nuevo prospecto, orientando a un miembro de tu equipo de trabajo o aconsejando a tu hijo, lo importante no es solamente que ellos escuchen tus ideas, sino que las recuerden y que estas generen una respuesta específica de su parte. El objetivo no es hablar por hablar, por cumplir con el compromiso de informar. Nos comunicamos con la intención de influir, de enseñar, persuadir y convencer.

Al mismo tiempo que he venido utilizando todo tipo de historias, tanto en mis libros como en mis conferencias, entrenamientos y talleres ante cientos de audiencias y millones de personas, también he tenido la oportunidad de atender —ya no como expositor, sino como parte de la audiencia— a un sinnúmero de simposios, seminarios, clases y reuniones en las que se han presentado estadísticas, cifras y datos que he olvidado casi de inmediato. No obstante, todavía recuerdo perfectamente relatos y anécdotas que escuché hace más de tres décadas. Cuando pienso en esto, me es fácil apreciar el verdadero valor de las historias.

Las historias perduran porque nos conectan con otras personas de una manera más profunda y auténtica. Tienen la capacidad de abrirnos los ojos y hacernos conscientes de las circunstancias que otros están enfrentando. Además, nos ayudan a interpretar de una mejor manera las situaciones que afrontamos y nos enseñan lecciones que recordamos por el resto de la vida.

Las historias hacen evidente el hecho de que no estamos solos y de que es más lo que nos une que lo que nos separa. Argumentando y discutiendo no siempre logramos que nuestro interlocutor vea las cosas desde nuestro punto de vista. En cambio, una historia es capaz de crear empatía y derribar las barreras que surgen cuando estamos tratando de comunicar algo.

Las historias le llegan más a la gente porque son más universales que los conceptos teóricos y trascienden las diferencias en género, edad, cultura e idioma. Tanto es así, que muchas de las leyendas o metáforas que escuchamos hoy en el mundo occidental se originaron en oriente y son traducciones de otros idiomas. Aun así, han probado ser efectivas ya sea que las compartas con un grupo de empresarios, en el marco de una reunión de negocios, o con un grupo de niños en una clase de tercer grado.

Las historias crean una conexión entre quien las cuenta y quien las escucha que va mucho más allá de un vínculo puramente racional. Cuando el oyente se da cuenta de que la historia le está describiendo un sentimiento o una situación que él mismo ha experimentado, su interés y confianza en el narrador aumentan. En cierto sentido, el relato crea una sensación de un propósito común compartido.

El poder del storytelling está en que las historias no solo llegan al cerebro, sino al corazón de quien nos está escuchando. Esto nos permite captar su atención y aterrizar conceptos que, de otra manera, no pasarían de ser ideas abstractas. Y en un mundo sobresaturado de todo tipo de información, el hecho de lograr la atención de los demás ya es, de por sí, una gran ventaja.

Todos estos argumentos nos dejan ver el indudable poder de las historias. El siguiente paso es descubrir el *por qué*, el *cuándo* y el *cómo* utilizarlas. Pero antes, quiero compartir contigo algunas de mis historias favoritas; relatos que me ayudaron a moldear los valores y principios que guían mi vida, y me han permitido construir una profesión gratificante en torno al oficio de contar historias. Espero que estas narraciones, metáforas, cuentos y vivencias, que ya he compartido con millones de personas alrededor del mundo, te den algunas ideas sobre cómo armar tu propio arsenal de historias.

He tratado de ordenarlas alrededor de varios ejes temáticos, pero lo cierto es que están dispuestas de manera más o menos arbitraria. Cada una de ellas va acompañada de un aporte que, lejos de pretender ser una explicación del relato, ni una lección, ni mucho menos una moraleja, es más bien un recuento de cómo llegaron estas narraciones a mi vida y qué uso les doy en mis conferencias e interacciones con los demás.

CAPÍTULO
UNO

HISTORIAS SOBRE CÓMO RECONOCER TU POTENCIAL

*"El oficio de escritor consiste en lograr ese clima propio
que obliga a seguir leyendo, que atrapa la atención,
que aísla al lector de todo lo que lo rodea
para después, terminado el cuento,
volver a conectarlo con sus circunstancias
de una manera nueva, enriquecida,
más honda o más hermosa".*
—Julio Cortazar

Los dos lobos

Hacia el final de la tarde del tercer día de *la gran prueba*, el joven Nayati regresó triste y abatido, sin saber cómo enfrentaría la censura del resto de la tribu. Quizá se había rendido demasiado pronto, pensaba mientras caminaba. Si hubiese esperado uno o dos días más, a lo mejor sus mayores lo habrían entendido, pero rendirse después de solo tres días era señal de debilidad y cobardía.

Lo peor de todo es que, lo que en realidad lo había vencido no fue el hambre, ni el agotamiento, ni la falta de agua, ni el asecho de alguna fiera. Ni siquiera fue la visión de una de las criaturas del mundo inferior que, según su abuelo, lo visitarían para ponerlo a prueba, torturarlo y hacerlo desistir. Lo que doblegó su espíritu fue, precisamente, el temor a lo que ahora le esperaba: los reproches de sus mayores, la decepción de sus padres, las burlas de sus amigos, el rechazo de los otros jóvenes Powatan que habían pasado la prueba y ahora serían considerados adultos mientras que a él lo seguirían tratando como un niño.

Nayati continúo avanzando, cabizbajo. "Recuerda que tu nombre significa luchador", le dijo su abuelo antes de salir, con

39

la esperanza de que esto le diera confianza y valor. Pero hoy, no había tenido ni lo uno, ni lo otro.

El joven caminó hasta el tipi que compartía con sus padres y su hermana Chenoa y allí permaneció solitario el resto de la tarde.

Pensó en las pasadas dos semanas: en el *gran ayuno* que marcaba el fin de la infancia de todo hombre Powatan y su paso a la adultez; en el momento en que debió cazar y matar su propio búfalo; en su envío al bosque —al "lugar de morir"—, donde debía pasar siete días, solo, sin comida, atento en todo momento a recibir la visión del Águila Dorada, el Oso Blanco o cualquier otro espíritu del mundo superior que le indicarían que Nayati el niño había muerto y en su lugar había nacido Nayati el hombre, el nuevo guerrero Powatan. Apenas tres días soportó su faena, pues dejó que el miedo se apoderara de él haciéndolo dudar, robándole la confianza con que saliera días antes.

Cuando su abuelo, Napayshni, entró al tipi, Nayati no tuvo el valor de levantar la cabeza. Estuvo a punto de llorar, pero contuvo el llanto por respeto a él.

"A lo largo de la vida, en el interior del ser humano, se libra una batalla entre dos feroces lobos", le dijo el abuelo colocándole su mano sobre el hombro.

"¿Dos lobos?", le preguntó Nayati sin entender muy bien a lo que él se refería.

"Así es, dos lobos que viven dentro de cada uno de nosotros, alimentándose de todo aquello que permitimos que entre en nuestra mente: el lobo del bien y el lobo del mal, Nayati.

El primero, es bueno; lleno de paz, confianza y valor. En cambio, el segundo, es malvado y lo caracterizan la envidia, la culpabilidad y el temor. Es una pelea a muerte, Nayati. No te quepa duda de ello", continuó el viejo Napayshni. "Mientras el lobo del bien busca exaltar tus virtudes, darte confianza y seguridad, y convencerte de tu capacidad para superar los retos que enfrentas, el lobo del mal llena tu cabeza de temores y dudas, trata de acobardarte persuadiéndote de que no estás preparado y de que vas camino a un fracaso seguro".

"¿Y cuál lobo generalmente gana?", le preguntó el joven.

"Siempre ganará el lobo que tú alimentes más, Nayati".

◆━◆

Es posible creer que la mejor manera de ilustrar un concepto es exponiendo el principio, la norma o la enseñanza que deseamos compartir, y permitir que el oyente interprete la idea presentada, saque sus propias conclusiones y decida cómo aplicarlas. Sin embargo, este proceso no siempre ocurre con tal facilidad.

Con frecuencia, hay quienes escuchan un concepto, lo entienden y hasta aprecian la sabiduría que encierra, pero continúan teniendo grandes dificultades en aplicarlo en su vida diaria. Es ahí cuando una historia contribuye a facilitar este proceso, ya que ilustra un caso concreto, una circunstancia específica en la cual el concepto en cuestión sea aplicable. Esta técnica resulta aún más importante cuando el principio que buscamos ilustrar es muy subjetivo y se presta para caer en la trampa del autoengaño.

¿Sí ves? El asegurar que el temor fue la causa por la cual alguien fracasó en su intento por lograr una meta es una apreciación muy subjetiva. Aunque nosotros así lo creamos, y exista evidencia que lo demuestre, es posible que la persona que perseguía dicho objetivo considere o asegure que fueron otras las razones: un acontecimiento adverso que debió enfrentar, su falta de preparación, un imprevisto o a alguna otra circunstancia fuera de su control.

Esta es una reacción muy natural. En lugar de aceptar la responsabilidad por nuestra falla, racionalizamos los miedos, dudas o inseguridades que nos harían parecer débiles y los disfrazamos con otros rótulos menos dolorosos: precaución, prudencia, cautela. En estos casos, una leyenda como la de los dos lobos nos obliga a enfrentarnos a nuestros propios temores y a ser totalmente honestos con nosotros mismos.

Pero esta historia va mucho más allá. No solo nos confronta con los miedos y las inseguridades que pudieron ser la causa de nuestras caídas, sino que además nos invita a descubrir los orígenes de estos temores y dudas: ¿son reales? ¿Dónde se originaron? ¿Quién los puso en nuestra mente? ¿De qué manera nos están limitando y haciendo daño?

Los dos lobos aclara todos estos interrogantes sin necesidad de explicaciones filosóficas, ni planteamientos sicológicos confusos. Las palabras sencillas de Napayshni nos dan la respuesta.

La actitud y la manera como enfrentamos los retos y las situaciones difíciles que la vida nos presenta están influenciadas por este conflicto que se libra en nuestro interior entre dos impulsos primarios —uno que busca fortalecernos y otro que tiende a debilitarnos—. Y en esta batalla entre estas dos fuerzas representadas por los dos lobos suele salir victoriosa la que nosotros nos hayamos encargado de alimentar más.

¿Cómo la alimentamos? Con las creencias, las opiniones —propias y ajenas—, los temores y demás ideas que permitimos que entren y encuentren cabida en nuestra mente. Cada uno de estos pensamientos es un bocado que alimenta a uno de nuestros dos lobos.

Otro aspecto que vale la pena destacar es que, por lo general, el mensaje de una historia se presta a múltiples interpretaciones. Algo que, lejos de debilitarla, nos permite descubrir diversos puntos igualmente importantes. ¿A qué me refiero?

Sería fácil concluir que una mejor solución para el dilema de los dos lobos es eliminar al lobo del mal. Es más, con frecuencia la gente me pregunta qué hacer para erradicar de su vida los miedos que parecen asediarlos constantemente. Muchos han llegado a convencerse de que el temor es su peor enemigo; que esa voz interior que parece siempre estar previniéndolos, advirtiéndoles que actúen con extrema cautela y atemorizándolos con la posibilidad de fracasar es la que no les ha permitido salir adelante en la vida. Así que quieren saber cómo eliminarla —cómo matar al lobo del mal— de una vez por todas para que no les siga haciendo daño.

Pero lo cierto es que el miedo no es realmente el enemigo. Es más, el temor es una emoción necesaria en la vida. Imagínate si no les tuviésemos miedo a las fieras, ni a caminar demasiado cerca de un precipicio, ni a cualquier otra circunstancia que represente un riesgo para nosotros. Con seguridad, actuaríamos con mayor imprudencia y nos pondríamos más a menudo en situaciones de peligro. ¿Ves? Hay instantes en que el miedo actúa como un mecanismo de defensa que garantiza nuestra propia supervivencia.

Lo mismo ocurriría si no tuviésemos temor a perder un examen en la escuela o a ser rechazados en una entrevista de trabajo. Si así fuera, lo más seguro es que no nos preocuparía demasiado estudiar lo suficiente, ni estar bien preparados y causar una buena impresión en la entrevista.

Entonces, el objetivo no es deshacernos del lobo del mal. No se trata de eliminar el miedo de nuestra vida porque, como ves, este juega un papel necesario. De lo que se trata, y esto es lo que ilustra la leyenda de los dos lobos, es de asegurarnos de nutrir al lobo del bien. ¿Cómo? Enfocándonos más en nuestras fortalezas que en nuestras debilidades; alimentando nuestra mente con imágenes en las que nos proyectemos triunfando y no fracasados y vencidos; cuidando que las ideas, lecturas e información que llegan a nuestra mente a través de los sentidos nos estén ayudando a fortalecer nuestro carácter y descubrir nuestro verdadero potencial, y no que estén plantando falsas creencias que debilitan nuestra personalidad y socavan nuestra autoestima.

Muy pocas historias ilustran con tanta claridad el papel que nosotros mismos jugamos en este proceso. Es evidente que cada uno de nosotros elige la información, los pensamientos y las ideas que deposita en su mente. Por lo tanto, la próxima vez que utilices la expresión "alimentar tu mente", ten presente que de lo que se trata es de alimentar al lobo que va a fortalecerte o al lobo que te va a debilitar.

El esclavo sin cadenas

Esta es la historia de un hombre joven que formaba parte de una cuadrilla de esclavos condenada a trabajar en una de las minas de oro más grandes de la Nueva Granada —un territorio que por aquel entonces aún pertenecía a la Corona Española—. Era una época en la cual la esclavitud y la explotación del oro iban de la mano a tal punto que los hacendados que poseían minas en sus tierras ostentaban el título de "Señor de minas y de cuadrilla de esclavos".

En una hacienda de esta región, se hallaba uno de los depósitos de oro más ricos de toda la provincia. Su dueño poseía un gran número de esclavos que solía iniciar su faena en las minas con la salida del sol y en ocasiones no paraba hasta mucho después de caída la tarde. Eran jornadas largas y penosas bajo la vigilancia de un capataz que no tenía ninguna consideración para con este puñado de individuos. Les exigía un esfuerzo descomunal para cualquier ser humano, y no toleraba ningún tipo de indisciplina, ni admitía nada que no fuera su total sumisión. Era frecuente que muchos de ellos enfermaran y hasta murieran como resultado del trato inhumano al que eran sometidos.

Los hombres hablaban poco entre sí. Su espíritu, visiblemente quebrantado, les había enseñado a no esperar mucho de la vida así que se limitaban a sobrellevar cada día evitando en lo posible los horribles castigos que les propinaba el mayoral cuando cometían un error o cuando alguien se desplomaba, víctima del cansancio y la fatiga.

Un día, llegó a la mina un joven esclavo en quien se advertía algo excepcional. Exhibía una actitud firme y decidida; compartía con sus compañeros de penuria historias sobre lo que quería hacer con su vida y los alentaba a aferrarse a sus ilusiones y anhelos con todas sus fuerzas para evitar que el cruel capataz los despojara de sus ideales y sueños de libertad.

Una de las primeras cosas que el joven hizo al llegar fue limpiar un pequeño terreno aledaño a la caleta donde dormía el grupo y sembrar allí algunos vegetales. Y cada noche, antes de irse a descansar, atendía sin falta las necesidades de su improvisada huerta sin importar lo duro que hubiese sido el trabajo ese día.

Para el mayoral, esto era una clara muestra de rebeldía e indisciplina, una influencia negativa sobre el resto de la cuadrilla. En castigo a su osadía, para él estaban reservadas las peores tareas, las más severas e inhumanas. Las golpizas y castigos eran frecuentes y el encargado siempre se las arreglaba para que su faena se prolongara hasta mucho después de que el resto del grupo se hubiese retirado a descansar.

Al final de la jornada era tal el cansancio de aquellos hombres, que apenas si tenían fuerzas para consumir su ración de comida y caer doblegados por la fatiga. Debían aprovechar las pocas horas de reposo que tenían para soportar la faena del siguiente día. Aun así, y sin importar su cansancio, ni su precario estado, ni qué tan tarde fuera, día tras día, el joven esclavo buscaba siempre el tiempo para atender su huerta.

Sus compañeros no entendían la razón del empeño con que él cuidaba aquel jardín. Se burlaban de tal necedad y no lo miraban con buenos ojos temiendo que, por su culpa, el capataz la emprendiera contra todos. No comprendían el propósito de tan frívola tarea ya que el pequeño sembradío no producía mayor cosa. Incluso algunos lo veían como una señal de arrogancia. Suponían que su único fin era dejarles ver que él era distinto a todos.

Una noche, luego de trabajar más de doce horas seguidas en la mina, llegó el joven a la barraca con su cuerpo cubierto de lodo de pies a cabeza. Las llagas en sus manos exponían las carnes rojas y pulsantes. El agotamiento era tal que dos de sus compañeros debieron ayudarlo a llegar hasta el catre en el que dormía. Su estado era tan lamentable que algunos llegaron a pensar que esa sería su última noche; ya había sucedido con otros. Sin embargo, para sorpresa de todos, en lugar de dejarse caer sobre la estera, como el resto del grupo, el hombre tomó su azadón y se dispuso a atender su huerto, como era su costumbre.

Cerrándole el paso, el más viejo de todos los esclavos le reprochó con severidad frente a los demás:

"¿Qué haces? ¿Acaso quieres acabar con tu vida? Nosotros aquí, hechos trizas, tratando de reponernos para lo que nos espera mañana y tú, que has trabajado mucho más, en lo único que piensas es en coger tu maldito azadón para atender ese rastrojo... ¿Qué buscas con ello?"

Sin exaltarse ni perder la compostura, el joven le respondió:

"Hoy he trabajado más de medio día para otra persona, construyendo con mi sudor su beneficio, no el mío; rompiéndome el lomo bajo las órdenes de alguien a quien no le importa si vivo o muero... Y qué triste sería irme a dormir sin haber trabajado tan siquiera unos instantes para mí mismo".

Habiendo dicho esto, se dirigió a atender su jardín.

◆◆◆

Esta historia es parte de una novela que escribí hace algunos años, titulada *Un regalo inesperado*. Se desarrolla a mediados del siglo XIX, cuando la esclavitud era parte de la cotidianidad en muchos lugares de nuestra América. Este contexto podría hacernos pensar que es un relato con el que un empresario o profesional del siglo XXI no lograría identificarse, que lo hallaría anacrónico y fuera de lugar. Pese a ello, lo que he encontrado cuando lo comparto es que toca una fibra muy sensible ya que muchas personas consideran que hoy son víctimas de otro tipo de esclavitud. Sienten que son esclavas de su trabajo, de la velocidad aparatosa a la que el mundo se mueve o de la cantidad de tareas, reuniones, compromisos y actividades laborales que deben atender y que les dejan poco o ningún tiempo para ellas mismas.

Con frecuencia, hablo con emprendedores que quisieran poder empezar un negocio en su tiempo libre o desearían regresar a la universidad a hacer una maestría o un diplomado durante las noches, después de salir de sus trabajos, pero encuentran imposible hacerlo porque consideran que no les alcanza el tiempo, que su trabajo no les permite agregar una actividad más a su ya atiborrada agenda.

No obstante, en lugar de hacer algo al respecto, prefieren ampararse tras excusas como "no tengo tiempo para nada más", "no me queda un minuto libre", "estoy demasiado ocupado", "mi trabajo demanda mucho de mí" o "si solo tuviera una hora más en mi día". Por eso, cuando escuchan una historia como la del esclavo sin cadenas, ven en ella una situación con la que les queda fácil identificarse y además descubren una posible salida a la encrucijada en la que se encuentran.

La salida es sencilla: resulta absurdo tener todo el tiempo del mundo para trabajar para otra persona y, al mismo tiempo, afirmar que nos es imposible encontrar el tiempo para trabajar en nuestros propios proyectos. Esta es la lección que esta historia nos enseña de manera magistral.

Ahora bien, al escucharla es claro que, comparadas con las implacables jornadas que debía soportar el joven esclavo, parecería como si la mayoría de nosotros estuviera trabajando medio tiempo. Él sí tenía no una, sino cientos de razones para justificar no hacer nada más. Y aun así, en lugar de utilizar cualquier excusa, se rehusaba a irse a dormir sin antes haber trabajado, por lo menos, unos minutos para sí mismo.

El hecho de trabajar tan siquiera unos instantes en su huerta, sin importar lo cansado que se sintiera, era su mejor proclama de que, aunque su cuerpo y esfuerzo estuvieran siendo explotados y abusados por otro, había algo que aún era suyo, que todavía le pertenecía. Su trabajo en su pequeño jardín era su manera de mantener cierto control sobre su vida y sus decisiones, y conservar viva su esperanza de libertad.

Sin duda, esta historia nos obliga a cuestionarnos, a auto-confrontarnos ante la idea de estar dispuestos a trabajar 40 o

50 horas semanales en un empleo, pero no creer posible encontrar una o dos horas diarias para trabajar en un proyecto propio, ya sea empezar un negocio, estudiar, ir al gimnasio o trabajar en cualquier otra actividad que nos interese.

CAPÍTULO
DOS

HISTORIAS ACERCA DE LA ACCIÓN PRONTA Y DECIDIDA

*"Solo aprendemos, cambiamos y progresamos
escuchando historias con las que hemos logrado
identificarnos de manera profunda y auténtica.
Aquellos que se encuentran en posiciones de liderazgo
y no logran reconocer el poder de contar historias
están poniendo en peligro no solo
el futuro de sus empresas, sino su propio futuro".*
—John Kotter

El león y la gacela

Cada mañana en África una gacela se despierta. Ella sabe que debe correr más rápido que el león más veloz o morirá bajo sus garras.

Cada mañana en África un león se despierta. Él sabe que debe correr más rápido que la gacela más lenta o morirá de hambre.

No importa si eres un león o una gacela... Cuando amanezca, ¡más vale que estés corriendo!

◆◆◆

Una narración corta, pero de esas que gana por knockout porque el mensaje que comunica no tiene más que una sola interpretación: ¡Muévete! ¡Haz algo! ¡Haz lo que sea... pero hazlo ya! No mañana, ni el mes entrante, ni el año que viene. ¡Ya!

Esta historia me apasiona porque, tristemente, más metas se han quedado en el papel y más sueños han muerto como resultado de la falta de acción que por cualquier otro motivo. De modo que siempre la cuento como abrebocas a uno

57

de los temas más espinosos de tratar, que es: ¿qué detiene a las personas de actuar?

Parece haber un sinnúmero de respuestas a esta pregunta: no se sienten totalmente preparadas, no creen contar con los recursos necesarios, consideran que no es el momento indicado, el miedo al fracaso las paraliza, no tienen claridad en cuanto a las metas que persiguen, sufren de pereza o perfeccionismo o han caído víctimas de cualquiera de las miles de excusas disponibles para justificar su inactividad.

Sin duda, para muchos, sus explicaciones son legítimas. Y no niego que es posible que haya algo de cierto en algunas de ellas. Quizá sea por esto que me atrae de manera muy especial la historia de *El león y la gacela*. Porque nos dice —sin rodeos, directo al pecho—: olvídate de todas tus razones. No importa cuáles sean tus circunstancias, ni tus temores, ni tus dudas; no importa si eres león o gacela, si crees que eres la presa o el cazador; no interesa si opinas que estás preparado o no, ni si juzgas que no es el mejor momento para empezar. Lo único que importa es que, cuando amanezca, más vale que estés corriendo.

¿Te das cuenta del poder tan extraordinario de este breve relato? Esa última sentencia ("...Cuando amanezca, más vale que estés corriendo"), te desarma, te despoja de todas tus excusas y te reta a actuar a pesar de los temores e inseguridades que sientas.

Hay algo que observo con frecuencia en algunos de los participantes en mis talleres. Después de tener claras las metas que quieren lograr; de examinar los diferentes aspectos del plan de acción; de fijar objetivos a corto, mediano y largo plazo; de fijar fechas específicas para el logro de cada objetivo, el siguiente paso es actuar. En ese instante, lo único que queda por hacer es traducir todos estos planes y compromisos —que hasta ese momento solo son palabras— en acciones concretas. Entonces, de repente, alguien levanta la mano, pide la palabra y dice algo como: "Estoy de acuerdo con todas las decisiones, pero considero que lo más prudente es esperar un par de días más" o "Me parece que nos estamos apresurando demasiado" o "Considero que deberíamos pensar todo esto un poco más antes de actuar".

Por lo general, es ahí cuando comparto esta historia para mostrar que lo único que va a hacer realidad todas estas metas es la acción decidida. Este brevísimo relato logra mucho más que un largo sermón, ya que nos advierte que, por cada gran sueño hecho realidad debido a la determinación y persistencia de un soñador, miles de sueños nunca llegaron a materializarse por falta de acción.

Pero la historia nos permite ver algo mucho más profundo. La razón por la cual tanto el león como la gacela actúan es porque lo que está en juego es su propia vida. El fin con que se despiertan cada mañana estos dos animales es muy concreto: sobrevivir. Por eso corren. Saben que, de no ser así, terminarán pagando su desidia con su propia vida. Sin embargo, a la mayoría de nosotros, el hecho de no lograr una meta muy seguramente no le costará la vida. Quizá sea por eso que no siempre sentimos la necesidad de actuar con urgencia.

Debido a esto, uno de los pasos más importantes en todo plan de metas es determinar el porqué de cada meta, la razón que hará que nos despertemos mañana dispuestos a correr tras nuestros objetivos sin importar que la carrera vaya a durar un día, una semana, un mes, un año o diez años. Porque es claro que un sueño que no logremos convertir en una meta específica no es un buen sueño, que una meta sin un plan de acción concreto no es una buena meta, y que un plan que no nos exija actuar de manera inmediata no es un buen plan. La palabra clave es acción.

Las orugas procesionarias

En una serie de volúmenes titulados *Recuerdos entomológicos,* Henri Fabre, entomólogo francés, divulgó los resultados de más de cincuenta años de observación y estudio de diferentes especies de insectos: avispas, arañas, abejas y orugas. En uno de estos tomos, Fabre comparte un curioso experimento que llevó a cabo con un tipo de gusano llamado "oruga procesionaria" o "procesionaria del pino" que abunda en muchos bosques europeos.

Durante la primavera, estas orugas abandonan el nido y descienden al suelo en una característica fila india en busca de otros árboles que invadir. De ahí su nombre, ya que se desplazan a manera de procesión igual que las hormigas.

En su libro, Fabre relata que una tarde, mientras las veía desfilar de esta manera, pensó en "La parábola de los ciegos", el cuadro del pintor flamenco Peter Brueghel. La pintura muestra a seis ciegos que caminan en fila, cada uno apoyado en el hombro del anterior. El primero de ellos cae a un río, arrastrando en su caída al segundo. El tercero, que pierde contacto con el segundo, empieza a tambalearse hacia adelante. Los que van detrás, aún no son totalmente conscientes de la gravedad de lo que está sucediendo. En la cara del cuarto ciego, se percibe su preocupación cuando siente que comienza a perder el apoyo de su antecesor; el quinto, "olfatea" el peligro y el sexto y último, todavía no se ha percatado de nada. No obstante, se da por hecho que todos terminarán corriendo la misma suerte del primero.

El tema del cuadro es una alusión directa al evangelio de Mateo, cuando Jesús dice, refiriéndose a los fariseos: "Dejadlos, son ciegos, guías de ciegos. Y si un ciego guía a otro ciego, los dos caerán en el hoyo".

No es claro si Fabre fue inspirado en la escena presentada por Brueghel, pero una mañana logró enfilar a un grupo de orugas procesionarias hasta que formaron un círculo sin fin donde la primera terminaba siguiendo a la última.

Después de verlas marchar durante algún tiempo, Fabre colocó en el centro del círculo algunas hojas de pino, la comida común de este tipo de gusano. Aun así, las orugas continuaron marchando y dando vueltas en aquel círculo, ignorantes de la futilidad de su labor o de la presencia de la comida, hasta que, varios días después, todas cayeron muertas de hambre y cansancio pese a tener la comida a unos pocos centímetros de distancia y de gozar de la libertad de detenerse o cambiar su rumbo en cualquier momento.

Fabre anota que, a pesar de la aparente crueldad del experimento, la realidad es que él no interpuso ninguna barrera que obligara a los gusanos a mantener su curso, ni que les impidiera llegar a la comida. Lo que los sentenció a muerte no fue ningún factor externo. Su desgracia fue el resultado de continuar caminando sin detenerse a comprobar si su marcha sin fin los estaba conduciendo a alguna parte.

◆◆◆

Quiero utilizar esta historia de *Las orugas procesionarias* como ejemplo para que veamos cómo todos estamos en capacidad de crear historias que les agreguen fuerza y dinamismo a nuestras presentaciones.

Menciono esto porque sé que muchos de los lectores de este libro, al igual que yo, también son contadores de historias. Son conferencistas y capacitadores; empresarios o emprendedores; asesores involucrados en algún tipo de coaching; profesores o padres que, en lugar de dar una respuesta rápida a cualquier pregunta, prefieren utilizar una historia que ofrezca una mejor garantía de que lo que digan no será olvidado al poco tiempo.

Como te habrás dado cuenta, no todas las narraciones son iguales. Hay cuentos, anécdotas, leyendas, fábulas o experiencias personales —como es el caso de Henri Fabre y sus orugas procesionarias—. Sin duda, el hecho de que se trate de un experimento llevado a cabo por un hombre de ciencia le da mucho más peso al relato.

¿Cómo encontré esta historia? Para responder a eso, debo aclarar que soy un bibliófilo apasionado. Amo coleccionar libros, en particular libros raros y primeras ediciones. Fue precisamente en uno de estos volúmenes, que adquirí en un anticuario en la ciudad de Nueva York, donde encontré los pormenores del experimento de Fabre.

A medida que leía supe que me encontraba frente a una historia de un gran valor metafórico; el relato ideal para ilustrar la diferencia que existe entre actividad y resultados —diferencia no siempre evidente para la multitud de empresarios y profesionales que viven agobiados por la cantidad de actividades, tareas, diligencias y quehaceres que parecen llenar cada minuto de su día—. Estaba seguro de que ellos se identificarían con una narración que deja en evidencia que estar ocupados no siempre es señal de estar siendo productivos.

¿Sí ves? Si utilizas las historias que todos los libros ya han compartido o reciclas las mismas anécdotas que usan tus colegas, corres el riesgo de que la mayor parte de la audiencia a la cual te estés dirigiendo en determinado momento ya haya escuchado la historia con la que esperabas cerrar de manera magistral tu presentación.

Así que desarrolla tu propio arsenal de relatos y anécdotas a partir de observaciones, noticias, leyendas o información que encuentres dentro y fuera de tu campo de acción. Eso fue lo que yo hice cuando me encontré con este sugestivo experimento. De inmediato, reconocí que tenía una aplicación que complementaba otra de las historias que ya formaban parte de mi arsenal —*El león y la gacela*—. Porque, si bien el león y la gacela nos muestran la importancia de actuar, las orugas procesionarias dejan claro que no toda acción es igualmente productiva.

Otro paralelo muy interesante que se genera con la historia del león y la gacela es que, en esa, los dos animales tienen muy clara la razón que los motiva a actuar: mantenerse con vida. En cambio, las orugas parecen haber olvidado su razón de ser. Porque, si te das cuenta, ellas estaban en total libertad de hacer lo que quisieran. No había muros que les impidiera comer, ni cambiar su rumbo. Pero ellas se limitaron a continuar haciendo lo que siempre habían hecho: caminar la una detrás de la otra con la esperanza, supongo yo, de que la primera supiera para dónde iban y cuál era el propósito de su eterna caminata.

Es indudable que muchos emprendedores que viven agobiados, que trabajan de sol a sol, que hacen lo mismo día tras día, que cometen los mismos errores una y otra vez —todo esto sir ver ningún tipo de beneficios— han caído en la misma trampa de confundir actividad con resultados. Rara vez, ellos se detienen a cuestionar el porqué de sus acciones. No tienen objetivos claros que alcanzar, ni metas concretas que perseguir, de manera que, cualquier actividad que realicen, les da igual.

Por eso, cuando me preguntan: "Dr. Cruz, ¿qué cree usted que estoy haciendo mal? ¿Dónde será que estoy fallando?", lo primero que hago antes de entrar en detalles más específicos es hablarles de las orugas procesionarias. Y en la mayoría de los casos, eso es todo lo que tengo que hacer, ya que de inmediato, quienes me hicieron estas preguntas, se dan cuenta en dónde está su error.

CAPÍTULO
TRES

HISTORIAS SOBRE CÓMO AYUDARLES A OTROS A CRECER

*"Contar historias es una forma que tenemos los seres humanos
de reaccionar a un mundo que podría ser mejor.
Sirve para imaginar e inventar cosas que nos acerquen
a ese mundo mejor que anhelamos.
El oficio del contador de historias es milenario
y es justamente ese: el de ser el fuego
que le da vida e impulso a una sociedad".*
—Mario Vargas Llosa

El sembrador de dátiles

Una tarde viajaba cerca de la casa de Tiberio Murcia, un anciano que trabajó para mi padre hace muchos años. Lo vi a lo lejos, ocupado en su huerta y decidí acercarme a saludarlo.

"Buenas tardes, Tiberio. ¿Qué haces trabajando bajo este sol implacable?", le pregunté.

"Siembro unas semillas de dátil," contestó él, levantándose con cierta dificultad.

"¡Dátiles!", exclamé sorprendido y solté una carcajada como quien acaba de escuchar la mayor tontería. "¿Cuántos años tienes, Tiberio?"

"Usted sabe que ya pasé de los ochenta hace mucho tiempo".

"Pues me extraña que no sepas que las palmas datileras tardan mucho en crecer y dar frutos… Más de veinte años, diría yo. Y aunque te deseo que vivas hasta los cien, tú sabes que lo más probable es que no logres cosechar el fruto del trabajo que estás realizando".

"Es posible que tenga razón", dijo él sin parar su labor. "Pero fíjese que me puse a pensar el otro día que, en mis ochenta y tantos años, he comido dátiles que otros sembraron; otros que a lo mejor también sabían que no llegarían a probarlos. Y eso me hizo comprender que hoy me toca a mí sembrar para que, en el futuro, otros también puedan comerlos. Lo hago con gusto, así sea solo para agradecerles a aquellos que sembraron los que yo comí".

"Me has enseñado una gran lección, Tiberio", le dije, dándole un fuerte abrazo al anciano. Luego, saqué algo de dinero de mi bolsillo y le dije: "Déjame que te recompense por esa sabia enseñanza, viejo amigo".

"Se lo agradezco, patrón. No debió molestarse", respondió Tiberio con una gran sonrisa mientras colocaba el dinero en su bolsa.

"¿Se da cuenta de lo que acaba de suceder?", agregó el anciano. "Hace unos momentos usted decía que yo no llegaría a recoger el fruto de esta siembra. Pero aún no termino de plantar y ya coseché este dinero y gratitud de un amigo".

Su apunte y la sabiduría de sus palabras me hicieron reír. "Tiberio, esta es la segunda lección que me enseñas en unos minutos; y a decir verdad, es quizá más importante que la primera. Déjame que te retribuya también esta enseñanza", le dije mientras le pasaba un poco más de dinero. "Lo mejor es que siga mi camino porque, si continúo escuchándote, no me alcanzará toda mi fortuna para compensarte por tanta sabiduría".

Es difícil encontrar una historia que ilustre la importancia de ayudar a otras personas a crecer sin correr el riesgo de que termine pareciendo un sermón religioso o un eslogan de una organización sin ánimo de lucro. Quizá sea eso lo que más me atrae de este bello relato. De una manera sencilla, nos enseña la importancia de devolverle algo al universo. Sé que esto suena a utopía, pero estoy convencido de que para la inmensa mayoría de los asistentes a nuestros talleres, conferencias o sesiones de coaching con el ánimo de mejorar su calidad de vida, el deseo de ayudar a otros no es algo que choque con sus ideales.

Esta anécdota es hermosa por donde quiera que la mires. Esto es importante si lo que deseas es enriquecer tus entrenamientos con historias que inspiren y que les den vida a los números, estadísticas, técnicas y estrategias que estás compartiendo con tu audiencia.

Tanto el narrador del encuentro como el personaje de Tiberio nos dejan grandes enseñanzas. Y lo interesante es que la persona que escuche esta historia —y esto es algo que he podido comprobar durante mis charlas— termina plenamente identificada con los atributos de los dos personajes.

Por un lado, la actitud desinteresada de Tiberio, quien, aun sabiendo que no va a cosechar el fruto de las semillas que está plantando, siembra con gratitud y entusiasmo porque es consciente de que, durante su vida, saboreó el fruto de semillas que otro plantó. De otro lado, la actitud agradecida del narrador quien, consciente de la gran lección que acaba de escuchar, decide retribuir a Tiberio con igual entusiasmo por compartirle un poco de su sabiduría.

Pero quizás una de las enseñanzas más importantes —contenida de forma implícita en el relato— tiene que ver con el hecho de entender que siempre estamos en condiciones de dar, de pensar en otros. Un principio con el que muchos tienen ciertas dificultades porque piensan: "No puedo preocuparme por ayudarles a otros sin primero asegurarme de tener mi situación personal solucionada".

No obstante, en nuestra historia, Tiberio no es un rico hacendado que en las postrimerías de su vida se ha detenido a ver cómo utilizar su riqueza para beneficiar a otros. Tiberio es un campesino humilde que toma la iniciativa de pensar en las futuras generaciones, pese a que aún debe preocuparse por su propia subsistencia.

Yo creo que la efectividad de narraciones como esta consiste en que logran conectar con las personas a un nivel emocional muy profundo y este es un efecto que debemos buscar tanto con las historias que utilicemos durante nuestras presentaciones como con toda la información y experiencias personales que decidamos compartir con nuestra audiencia.

Un regalo inesperado

Esta es la historia de un hombre muy rico y sabio que un día llamó a su capataz para informarle que emprendería un largo viaje que lo tendría alejado de la hacienda por un año. El hombre quería que, durante su ausencia, el capataz se encargara de construir una nueva casa.

"Lo único que quiero pedirte es que construyas la mejor casa posible", fueron sus instrucciones. "Escoge un buen sitio; asegúrate de utilizar solo materiales de la mayor calidad y de comprar los mejores productos. No te preocupes por cuánto costará; ya me encargaré de que recibas suficiente dinero para cubrir todos los gastos".

Varias semanas después de la partida de su patrón, resignado ante el hecho de tener que encargarse de este nuevo proyecto sin desatender sus obligaciones regulares, el capataz finalmente comenzó su trabajo. Puesto que las instrucciones sobre dónde construir la casa habían sido vagas, no le prestó demasiada atención al asunto y optó por un sitio poco vistoso, desprovisto de sombra y muy distante de las demás edificaciones de la hacienda. Fue una decisión apresurada y su única consideración al elegirlo fue que el lugar le permitiera vigilar a los obreros y albañiles sin descuidar sus obligaciones regulares.

Pensando en lo que le resultara más conveniente, decidió que la nueva edificación no requeriría del granito, ni el mármol de alta calidad usado en la casa principal, ni de los elaborados remates utilizados en las demás fachadas. Además, dispuso que era posible obviar los miradores y las ventanas voladas que adornaban las otras edificaciones, ya que el sitio escogido para la casa no ofrecía paisajes atractivos; de modo que tales adornos salían sobrando.

Irritado por la sobrecarga de trabajo que le representaba la construcción, resolvió que, si debía soportar aquel suplicio, lo haría con el menor esfuerzo posible y buscando además la manera de, por lo menos, obtener algún beneficio económico. Y la ocasión no podía ser mejor puesto que, a su modo de ver, resultaba absurdo esforzarse tanto y perder tiempo buscando los mejores materiales cuando su patrón no estaba presente para supervisarlo. Después de todo, pensó, una vez levantadas las paredes, es imposible juzgar la calidad de los cimientos. Con esto en mente, planeo un ardid que le permitiera embolsarse algún dinero: localizó un proveedor dispuesto a facturar por piedra y cemento de alta calidad, enviar material de menor clase y repartir con él el fruto de aquella trampa.

Fue así como, pese a la mediocridad de su trabajo y a la baja calidad de los materiales utilizados, después de unos meses, terminó de construir la casa. Y lo cierto es que, una vez estuvieron pintadas las paredes y limpios los alrededores, era casi imposible percibir la pobre calidad del trabajo realizado.

A su regreso, el patrón revisó las cuentas y los recibos, y luego llamó al capataz.

"He examinado las cuentas y todo parece estar en orden", le dijo. "Sé que no habrá sido fácil trabajar en la construcción de la casa sin descuidar ninguna de tus otras obligaciones, entonces he decidido darte una paga adicional por este tiempo que debiste estar al frente de las dos tareas".

"Gracias por su generosidad, patrón", respondió el capataz satisfecho con el hecho de que su artimaña no solo había pasado desapercibida, sino que había sido premiada. Sin embargo, antes de que el capataz se retirara, el dueño le dijo:

"Déjame hacerte una pregunta... ¿Te encuentras totalmente satisfecho con la casa que construiste? ¿Estás complacido con el trabajo realizado?"

La insinuación lo tomó por sorpresa y lo hizo vacilar unos segundos, no porque sintiera algún remordimiento, ni nada parecido, sino porque le preocupaba que el patrón hubiese descubierto algún detalle que se le hubiera pasado por alto. Tratando de mantener la calma y no dejar que los nervios lo delataran, respondió con firmeza:

"Totalmente satisfecho, patrón. Esté tranquilo que se hizo el mejor trabajo posible. Estoy seguro de que, quien sea que vaya a ocupar la casa, la encontrará de su total agrado".

"Pues no sabes cuánto me alegra escuchar eso", dijo el patrón con entusiasmo, "porque te tengo una gran noticia: ¡La casa es tuya! Puedes vivir en ella por el resto de tu vida".

¿Cómo evolucionan las historias a través del tiempo? Sin duda, es posible que hayas escuchado antes algunos de los relatos y anécdotas contenidos en este libro. Pese a ello, de lo que sí estoy seguro es de que no los has leído o escuchado de la misma manera en que yo los narro aquí. Y esto es algo que debes tener en cuenta si deseas que el contar historias sea una parte importante de tu forma de enseñar, asesorar e interactuar con otras personas.

Cuando escribí mi libro *La Vaca*, en un comienzo los lectores se me acercaban y me decían cosas como: "Qué buena historia, Camilo. Creo que ya había escuchado antes algo similar" o "Ya había leído otra versión de esa misma leyenda, pero nunca me había detenido a considerar todas sus enseñanzas". Ciertamente, el relato había dado vueltas por el dominio público durante décadas, pero hasta entonces no se había escrito un libro que girara alrededor de aquella sorprendente metáfora. La historia de la vaca, un apunte que me compartiera alguien que acababa de conocer —que no había tomado más de uno o dos minutos—, con el tiempo llegó a convertirse en un libro de más de 260 páginas.

Mi propósito al contarte esto es que entiendas que las historias evolucionan; que deben evolucionar. Si hoy estás compartiendo una anécdota o un relato de la misma manera que lo hacías hace diez años, es porque no has permitido que evolucione.

Un regalo inesperado fue la historia con la que abrí la primera conferencia que realicé, a principios de los años noventa. Desde entonces, ha sufrido una increíble metamorfosis. Recuerdo que entonces la historia no pasaba de un párrafo. No había sino dos personajes y ninguno de ellos tenía nombre. Pero comenzó a evolucionar y a ganar complejidad. Se convirtió en un cuento un poco más elaborado que formó parte de uno de mis libros hasta que, hace varios años, se convirtió en la base de mi primera novela.

Cuando utilizo esta historia en mis presentaciones, mi interés es que el oyente entienda que él, y solo él, es el responsable de diseñar su futuro. Es una buena manera de finalizar un entrenamiento. Una forma de decirle a la persona con la que he venido trabajando: "Muy bien, ya hemos terminado nuestro trabajo, hemos fijado metas, desarrollado planes y adquirido ciertos compromisos. Y ahora, como arquitecto de tu propio destino, ve y construye la casa en la cual vas a pasar el resto de tus días".

Como comprobarás con cada uno de los relatos incluidos en este libro, una historia puede ser la manera ideal de abrir una presentación, de romper el hielo e iniciar el diálogo o la mejor forma de concluir tu intervención, de hacer un llamado a la acción y dejar a tu audiencia con un mensaje que recordará por largo tiempo.

El éxito de cualquier historia depende, en gran medida, de que tengas claro qué es lo que buscas al utilizarla; cerciorarte de que complementa el tema que vas a tratar, que responde a las necesidades de la audiencia y que te has asegurado de darle tu toque personal. Ser un contador de historias va mucho más allá de repetir lo que otros ya han dicho, se trata ser un artesano.

No vas a encontrar tus historias ya armadas y listas para compartirlas. Tendrás que trabajarlas, moldearlas y personalizarlas. Muchas veces, como observarás con varias de las narraciones que incluí aquí, el relato ideal es el resultado de juntar anécdotas, frases sueltas, metáforas y experiencias de vida que, una vez ensambladas, logran comunicar un mensaje que ninguna de las partes pudiese haber transmitido por sí sola.

CAPÍTULO
CUATRO

HISTORIAS SOBRE LA IMPORTANCIA DE PENSAR EN GRANDE

"El contador de historias debe pensar en quienes van a escuchar o leer sus relatos, puesto que una historia tiene tantas interpretaciones como lectores.
Cada quien saca de ella lo que quiere y descarta lo demás. Algunos la pasan a través del filtro de sus propios prejuicios y otros la pintan del color con que ven el mundo.
Una historia debe conectar a un nivel muy personal con quien la lee o escucha para que así pueda aceptar las maravillas que ella encierra".
—John Steinbeck

Los peces pequeños

Atravesaba un puente y me detuve un momento a admirar las aguas que bajaban turbias y espumosas. Me llamó la atención la presencia de un hombre que se hallaba en la ribera izquierda pescando con un anzuelo rudimentario. Había construido un fogón con tres rocas sobre el cual mantenía una pequeña charola para cocinar lo que lograra pescar.

Me causó gran curiosidad ver que una y otra vez, tras sacar un pez, lo examinaba y, si era grande, lo tiraba de nuevo al río y conservaba para él solo los pequeños.

Qué curioso, pensé, *este hombre tiene su fogón listo para cocinar y da la impresión de no haber comido en largo tiempo. ¿Cómo explicar entonces que tire los peces grandes y carnosos y prefiera quedarse con los más chicos, que son puro hueso y espina?*

Bajé hasta la orilla a preguntarle sobre su inexplicable conducta. El pescador se sonrojó; me dijo que entendía mi confusión y luego me dio una explicación que hubiera hecho irse de espaldas hasta al más simplón de los mortales:

"Verá usted", expresó con gran naturalidad, "yo quisiera conservar los pescados grandes y carnosos; el problema es que todo lo que tengo es esta charola donde apenas caben los peces pequeños. Así que, con mucho dolor, tengo que tirar los grandes y quedarme nada más con los chicos".

Lo miré incrédulo, pensando que me tomaba del pelo; pero no, el hombre hablaba en serio. El resto del camino me fui pensando en cuántas personas viven de la misma manera, satisfechas con los peces pequeños por temor a no saber cómo aprovechar los grandes. Persiguiendo metas no muy ambiciosas porque no creen contar con las aptitudes para aprovechar las grandes, y siempre quejándose de la charola tan diminuta que el destino les dio.

En el proceso de desarrollar un plan de metas, con frecuencia caemos en la trampa de fijar "metas realistas". Y por "realistas" entendemos metas que no sean demasiado exigentes, de manera que tengamos cierta seguridad de poder alcanzarlas. En lugar de establecer objetivos ambiciosos, optamos por metas modestas que hagan uso de las que percibimos como nuestras capacidades reales.

En mi libro *La Vaca* cuento una anécdota de una situación que presencié mientras visitaba una librería en la ciudad de Miami. Al pasar junto a una de las mesas de libros infantiles escuché a un padre que le aconsejaba a su hijo, quien tendría unos siete u ocho años de edad: "Ya te dije que no te pongas metas tan grandes. Lo único que vas a lograr con eso es frustrarte. ¿Por qué no te propones metas más pequeñas de manera que te quede más fácil alcanzarlas?"

Ahora bien, debo aclarar que no sé el contexto de la conversación que estaban teniendo, pero sí sé que este es un claro ejemplo de la idea de que, al fijarnos metas pequeñas nuestro éxito está garantizado y que, de alguna manera, la sumatoria de todos estos pequeños esfuerzos nos conducirá a objetivos mayores.

Digo que esto es una trampa porque lo cierto es que estas "metas realistas" no toman en consideración nuestro verdadero potencial, sino que nos mantienen dentro de una zona de comodidad que nos impide desarrollar las destrezas que nos permitan alcanzar metas mayores. Es una falacia pensar que alcanzar estas metas pequeñas es el camino para lograr metas más grandes. No siempre es así.

Si estamos desarrollando un plan de metas para nuestro negocio, nuestros estudios o para cumplir cualquier otro objetivo que nos hayamos propuesto, el primer paso debería ser enfocarnos en esa gran meta que deseamos alcanzar, sin importar que ella exija un mayor compromiso de nuestra parte en términos de tiempo, dinero y esfuerzo. Una vez dado este primer paso, entonces sí es razonable fijar objetivos a mediano y corto plazo que nos muevan hacia esa gran meta.

La historia de *Los peces pequeños* ilustra con gran claridad el peligro de conformarnos con metas mucho menores de las que tenemos el potencial de alcanzar. De igual manera, nos muestra los riesgos de permitir que sean las circunstancias las que dictaminen qué tan lejos habremos de llegar. Ya sea que estemos trabajando en nuestro propio plan de metas o ayudando a otra persona a diseñar su plan, uno de nuestros retos más importantes es desarrollar la capacidad de ver más allá de nuestras circunstancias presentes. No debemos permitir que nuestras metas estén determinadas por nuestro entorno, nuestras condiciones o los recursos que creemos poseer —representados en la historia por la charola del pescador—, ya que estos siempre pueden cambiar.

La elección que nos plantea el relato es muy sencilla. Cuando estamos decidiendo qué metas perseguir, tenemos dos opciones: nos concentramos en aquellas que sabemos que vamos a alcanzar de acuerdo a las circunstancias que nos rodean —a nuestra charola—, aun si no corresponden a nuestros verdaderos deseos o aspiraciones a largo plazo; o salimos tras la metas que en realidad queremos alcanzar —los peces grandes— y después nos damos a la tarea de cambiar nuestras circunstancias y procurar los recursos que se requieran para cumplirlas.

Este relato es un buen recurso para facilitar la toma de decisiones. Si la persona con la que estás trabajando en desarrollar un plan de metas se queja de que los objetivos propuestos no son "realistas", en lugar de discutir si su argumento es válido o no, permite que la historia de *Los peces pequeños* la rete a cuestionarse si el problema real es el tamaño de la meta o si no será más bien que está utilizando la charola equivocada.

El Monte Olimpo

Un viajero andaba por la vieja Grecia en busca del Monte Olimpo. Temiendo estar perdido, se acercó a un hombre que se encontraba a la orilla del camino y le preguntó:

"¿Cómo hago para llegar al Monte Olimpo?" El hombre, quien resultó ser Sócrates, le respondió:

"Muy fácil. Simplemente, asegúrate de que todo paso que des vaya en dicha dirección".

———

Por muchos años, este microrrelato fue mi manera de empezar todas mis conferencias. Lo interesante es que, al final de cada presentación, no faltaba por lo menos una persona que me dijera: "Dr. Cruz, me gustó mucho su seminario, pero le voy a confesar que no entendí la historia esa del Monte Olimpo". Entonces, se la volvía a contar haciendo énfasis en el hecho de que lo que Sócrates quiso enseñar es que, para llegar a un sitio determinado, debemos asegurarnos de estar caminando hacia ese lugar y no en otra dirección.

Ahora bien, muchos podrían pensar que hay algo errado con una historia que requiere de un par de explicaciones para que se entienda. En cambio, yo creo que es ahí donde radica su verdadero valor, en que busca llamar la atención sobre una conducta que no es fácil de entender. Me refiero al hecho de que, en ocasiones, estamos persiguiendo una meta pero, absurdamente, nos encontramos caminando en dirección opuesta a ella.

De manera que, siempre que estoy trabajando con algún grupo en desarrollar un plan de metas, la comparto para que quede claro que, una vez sepamos cuáles son los objetivos que queremos alcanzar, debemos asegurarnos de que todo paso que demos nos esté acercando a dichos objetivos.

En esta historia, Sócrates ilustra una de las más importantes lecciones de vida: todos triunfamos o fracasamos a propósito, ya que tanto el éxito como el fracaso son el resultado de la decisión que tomemos con respecto a dar pasos que nos acerquen o nos alejen de nuestras metas; que nos fortalezcan o nos debiliten; que nos ayuden a experimentar felicidad o nos produzcan tristezas y frustraciones.

Al inicio de cada sesión de coaching, suelo preguntarles a los asistentes cuál es la meta más importante en la cual están trabajando en ese momento. Les pido que la escriban y la definan en términos claros y concretos. Luego, hablamos un poco acerca de ella: ¿por qué es importante?, ¿qué tanto la desean?, ¿cuándo quieren verla hecha realidad?, ¿qué recursos van a necesitar para lograrla?

Después, en un ejercicio aparte —un preámbulo antes de hablar sobre cómo administrar nuestro tiempo—, les pido que hagan una lista de todas las actividades que llevaron a cabo el día anterior, desde el momento en que se despertaron.

Un fenómeno que encuentro en tres de cada cinco personas con las que realizo estos dos ejercicios es que en su lista de actividades diarias no aparece nada que esté relacionado con la meta que identificaron minutos antes como la de mayor prioridad en ese momento de su vida.

Es ahí cuando les comparto la historia de Sócrates y el Monte Olimpo, de manera que ellas mismas puedan darse cuenta de lo absurdo que resulta tener una meta, profesar su deseo de lograrla y aun así no estar trabajando día tras día en su realización. ¿Tiene eso algún sentido?

Sin duda, no hay nada más triste que ver a alguien que desea triunfar y quien, por falta de dirección, por no tener claridad respecto a lo que desea lograr, camina sin rumbo con la esperanza de que algún día logre tropezarse con aquello que tanto desea.

Yo encuentro que algunos de los asistentes a mis seminarios van en busca de repuestas rápidas y salidas fáciles a preguntas como: ¿cuál es el paso más importante para lograr esta o aquella meta? ¿Cómo puedo responder esta objeción que recibo de mis clientes? ¿Cuál de estas dos opciones debo tomar? ¿Debería yo aceptar esta oferta de trabajo? Es como si quisieran que yo decidiera por ellos, que les indicara cómo proceder. Lo menos que desean es que les diga: "¿Qué crees tú que deberías hacer?"

Les sucede igual que a nuestro personaje, que esperaba que Sócrates le dijera: "Siga derecho trescientos metros, doble a la izquierda, camine un kilómetro más y ahí lo encontrará". No quieren que yo les responda su pregunta con otra pregunta o con algún planteamiento que los cuestione, que les diga que son ellos los que deben decidir, que las respuestas que buscan ya están en su interior y que lo único que yo puedo hacer es ayudarles a que se hagan la clase de preguntas que les permitan arribar a dichas respuestas.

Yo creo que este es un dilema que todo coach, asesor, padre o profesor enfrenta: clientes, hijos o alumnos que no buscan asesoramiento, ni guía, sino a alguien que tome decisiones por ellos y les diga qué hacer y para dónde ir. Creo que debemos evitar caer en este error, ya que lo que está en juego son las metas, los sueños y los objetivos de las personas con quienes estamos trabajando y es justo que sean ellas las que tomen las decisiones. Creo que eso es lo que la historia de Sócrates nos está invitando a hacer.

Como ves, este relato es corto y es posible que haya que contarlo un par de veces para que, finalmente, todos lo entiendan, pero el mensaje que encierra es de una profundidad y sabiduría que lo hacen inolvidable.

CAPÍTULO
CINCO

HISTORIAS SOBRE LA IMPORTANCIA DE NO PARAR DE CRECER

*"La especie humana es adicta a las historias.
Inclusive cuando el cuerpo se va a dormir
la mente permanece despierta
contándose a sí misma historias".*
—John Gottschall

La taza de té

Esta es la historia de una reunión bastante inusual entre un académico, versado en el budismo zen, y un monje budista, maestro del centro más grande de la provincia de Yunnan en el sur de China, para quien el zen era el único estilo de vida que había conocido.

El académico estaba agotado después de veintiséis horas de vuelo, pero sabía que tenía que reponerse pronto; debía causar una buena primera impresión. La universidad en la cual enseñaba lo había enviado para que ampliara sus conocimientos del budismo zen y otras doctrinas orientales. Era importante que el maestro supiera que, pese a él ser occidental, el rigor de los estudios que había realizado lo ponían a la par en el conocimiento de esta filosofía con los grandes maestros de oriente.

Durante la reunión, el catedrático hizo lo que él consideró una profunda y completa exposición de las diferentes corrientes de zen en occidente, sus avances y retos más importantes. También realizó varias preguntas que había preparado con antelación, teniendo cuidado de que no fueran a parecer incultas o, peor aún, demasiado ingenuas. Debían sonar inteligentes y bien pensadas.

Las respuestas del maestro fueron breves, ya que la actitud del erudito parecía indicar que lo que en verdad buscaba no era una respuesta, sino una simple confirmación a lo que él ya sabía. Aun así, la conversación transcurrió en una atmosfera de respeto y cordialidad.

"Permítame invitarle a una taza de té", le dijo el monje en un breve momento de silencio. El visitante agradeció el ofrecimiento.

El anfitrión dispuso las dos tazas y empezó a servir, espacio que el profesor aprovechó para compartir un par de ideas más que había olvidado durante su presentación. El monje lo escuchaba con atención mientras continuaba vertiendo el té en la taza de su huésped; estaba impresionado por todo el conocimiento que el hombre había logrado almacenar en su mente.

La taza se llenó rápidamente, pero el maestro continuó hasta que el líquido se rebosó y comenzó a llenar el pequeño plato sobre el que esta reposaba. Pronto, un pequeño hilo de té empezó a avanzar por la mesa. El académico no sabía cómo llamar la atención del monje ante su aparente distracción. Supuso que este se encontraba tan absorto con su exposición que, simplemente, aún no se percataba de lo que ocurría.

Cuando el té amenazó con desbordar la mesa, el catedrático no pudo contenerse más:

"No estoy seguro si se ha dado cuenta de que la taza ya está llena y que no le cabe una gota más", le dijo con sutileza, tratando de no ofender a su anfitrión. Por su parte, este no pareció estar demasiado preocupado por su torpeza y, sin alterarse, le respondió:

"Por supuesto que lo veo… Y así mismo, veo que tal vez no haya nada nuevo que yo pueda enseñarte sobre el zen, puesto que tu mente parece también ya estar llena".

❖

Es muy probable que, quienes alguna vez han estado involucrados en un proceso de coaching o han dirigido algún tipo de entrenamiento, se hayan encontrado con personas que creen "ya saberlo todo", que no entienden qué hacen sentadas frente a ti puesto que, según ellas, ya están al tanto de todo lo que necesitan saber para lograr sus metas.

Sobra decir que esta es una actitud que cierra las puertas del conocimiento y no nos permite aprender nada nuevo. Es más, ni siquiera es necesario haber caído víctimas del síndrome del "ya lo sé todo" para que el proceso de aprendizaje cese. Con el simple hecho de creer que, así no lo sepamos todo, ya sabemos lo suficiente y no hay necesidad de adquirir nuevos conocimientos, las puertas de nuestra mente se cierran.

Ahora bien, si observamos esta actitud en nuestra audiencia y no la confrontamos, sino que nos limitamos a continuar con nuestro discurso, habremos perdido por partida doble. Por un lado, habremos desperdiciado nuestro tiempo; y por el otro, habremos privado a la audiencia de información que pudo haber sido de gran valor en sus vidas.

Por esta razón, durante mis talleres comparto con frecuencia la historia de *La taza de té*. Y mi intención no es tratar a los asistentes de sabelotodos, sino que entiendan la importancia de abrir su mente a la posibilidad de descubrir

ievo que les permita ver sus metas desde otra perspec-
os ayude a ser más efectivos.

Pero, en lugar de enfrascarme en una larga discusión sobre la
importancia del aprendizaje e intentar convencerlos de cambiar
su actitud de "ya lo sé todo", dejo que el cuento de la taza de té
les ayude a abrir un campo en su mente de manera que al final
del entrenamiento partan llevando consigo nueva información,
más experiencias y mayor conocimiento.

Hace unos años, regresé a la universidad a hacer una Maestría en Escrituras Creativas. Para esa época, ya había escrito
más de 30 libros y contaba con un gran número de lectores
alrededor del mundo. Hubiese sido fácil para mí asumir la
actitud de "¿qué estoy haciendo aquí?", "yo ya sé todo esto".
De haber sido así, seguramente, habría aprendido muy poco
en esos dos años y la inversión de tiempo, esfuerzo y dinero
hubiera sido en vano. De manera que, antes de llegar a la
universidad, me aseguré de que mi taza estuviera vacía.

Recuerda que vaciar tu taza no significa que debas negar
todo lo que ya sabes, ni olvidar lo que has aprendido, ni
actuar como si estuvieras empezando de cero. A lo que en
realidad me refiero es a que reconozcas que todavía tienes
mucho que aprender, que aprecies el valor de toda nueva
información y entiendas que la excelencia requiere estudio y
aprendizaje constantes.

Los tres cedazos

En cierta ocasión, Sócrates recibió la visita de un vecino suyo con quien poco departía, ya que el hombre hablaba más de la cuenta y parecía deleitarse en propagar chismes sobre los demás sin molestarse en verificar si eran ciertos o no.

"No vas a creer lo que tengo que contarte sobre tu mejor amigo", le dijo. "Te aseguro que después de escuchar lo que te voy a decir ya no confiarás tanto en él".

Sin embargo, antes de que el hombre pronunciara una palabra más, Sócrates lo interrumpió.

"Espera un momento", le dijo. "Antes de que me digas cualquier cosa quiero saber si ya has pasado lo que vas a contarme a través de los tres cedazos de la integridad".

"¿A qué cedazos te refieres?", le preguntó el hombre extrañado.

Sócrates había concebido esta idea aplicando la misma técnica que utilizan los constructores para obtener la arena más fina: cerniéndola o pasándola varias veces a través de zarandillos para así separar la arena fina del pedrusco y la arena gruesa. De esta misma manera, veía él que era necesario filtrar o depurar la información que recibía del mundo exterior para asegurarse de que lo que llegara a su mente fuera realmente cierto.

"El primero", respondió el sabio, "es el cedazo de la verdad. ¿Estás seguro de que esto que vas a contarme es cierto?"

El hombre vaciló un instante.

"A decir verdad, no lo estoy. Lo he escuchado de otra persona, pero no lo vi con mis propios ojos, aunque, como dicen por ahí, 'donde hay humo es porque hay fuego'".

"¿Te das cuenta de que lo que quieres contarme ni siquiera ha pasado la primera prueba?", indicó Sócrates. "Y tú no solo lo dabas por auténtico, sino que estás listo a proclamarlo a los cuatro vientos".

"¿Y si te hubiese dicho que sí era cierto?", insistió el hombre, no queriendo quedarse con aquel chisme para sí solo.

"Te hubiese pedido que lo pasáramos a través de los otros dos cedazos. El segundo es el de la bondad. ¿Estás seguro de que son tus buenos sentimientos los que te mueven a contarme estas cosas?"

"¿Y el tercero?", preguntó el hombre con enorme curiosidad.

"Es el de la utilidad. ¿Piensas que es necesario que yo sepa lo que quieres compartir conmigo?"

El hombre estuvo en silencio un largo rato. Sabía que se encontraba frente a quien muchos consideraban el más sabio de todos los maestros en Grecia y no quería cometer una mayor imprudencia.

"A decir verdad", indicó finalmente, "no pensé en nada de eso".

"En tal caso", agregó Sócrates, "guarda tus palabras para ti y procura olvidarlas".

◆

Es posible que te estés preguntando qué hace un cuento como *Los tres cedazos* en un capítulo sobre la importancia de seguir creciendo. Es sencillo, gran parte de la información y las ideas que terminan moldeando nuestro carácter la hemos recibido de otras personas —familiares, profesores, socios, amigos y hasta desconocidos— a manera de consejos, opiniones, enseñanzas, críticas y experiencias compartidas. Esta historia nos recuerda la gran responsabilidad que tenemos de asegurarnos de que la información que recibimos de otros sea cierta, relevante y necesaria.

En todas mis presentaciones exhortó a los asistentes a que consulten diversas fuentes de información, a que examinen diferentes perspectivas y tomen en cuenta otros puntos de vista. Pero antes, les comparto esta historia con el ánimo de desterrar una idea muy peligrosa como es la de creer que toda información que nos llega del mundo exterior debe tener algo útil y nos ayuda a crecer de alguna manera.

Muchos están convencidos de que es importante escuchar lo bueno, lo malo, lo feo, lo sabio y lo inútil, y decidir después con qué quedarse y qué desechar. El problema es que esta selección no es tan sencilla como parece. Y si aceptamos como cierta alguna información que resulta no serlo, corremos el riesgo de tomar decisiones y formarnos opiniones basados en una falsedad. ¿Sí ves? Si Sócrates no hubiese sido precavido con la información que su vecino quería compartirle, se habría formado una opinión sobre su amigo basada en un chisme sin fundamento.

Es fácil caer en la trampa del "exceso de información". Si vamos a empezar un negocio, por ejemplo, es normal buscar los consejos de personas que han triunfado en sus propios negocios. Hasta ahí todo va bien. Sin embargo, se nos mete en la cabeza que también nos será útil y provechoso escuchar las opiniones de quienes han fracasado en los negocios, ya que solo así conoceremos las dos caras de la moneda. Y empeoramos la situación asumiendo que los dos tipos de información son igualmente valiosos, lo cual no es cierto. Porque, si lo que deseamos es triunfar en los negocios, de poco nos servirá la información que nos dé alguien que no ha triunfado, sino que, por el contrario, fracasó en su empeño. Esa persona no está calificada para darnos información que nos ayude a triunfar y solo podría enseñarnos cómo fracasar, puesto que es en eso en lo que tiene experiencia.

Sé que esta aseveración tal vez suena chocante e injusta, pero, si la analizas con cuidado, verás que es cierta. Porque, en realidad, tú no sabes cuáles fueron las verdaderas razones que provocaron que esa persona fracasara en los negocios. Es posible que ella asegure que el mercado estaba saturado o que la situación económica del país no era la indicada para ese tipo de negocio cuando en realidad el problema real fue su falta de preparación o el no haber persistido lo suficiente o no tener la disciplina que el negocio requería. Entonces, te pregunto: ¿te va a servir de algo su apreciación sobre el estado de saturación del mercado o la situación económica del país? Seguramente, no.

Algunos emprendedores llegan a obsesionarse con la idea de recopilar más y más información antes de actuar. Creen que esta es la única manera de asegurarse de tomar la decisión acertada, pero olvidan que el valor de la información está determinado por la calidad de la fuente de la cual proviene. Y esto es lo que la historia de los tres cedazos nos ayuda a comprender.

En cierta época de mi vida, yo escuchaba, indiscriminadamente, todas las opiniones y consejos que la gente quisiera ofrecerme. Pensaba que sería ofensivo rehusarme a aceptar las recomendaciones de otros, que hacer tal cosa era una falta de educación y respeto hacia ellos, que lo prudente era escuchar y después decidir qué servía y qué no. Así que escuchaba con paciencia, sin importar qué tan poco calificadas o totalmente erradas fueran algunas de dichas opiniones. Con el tiempo, me di cuenta de que mucha de esta información que escuchaba terminaba por convertirse en un ruido mental que no hacía otra cosa que estorbar al momento de tomar decisiones o actuar.

Hoy, tengo mucho cuidado de precalificar la fuente de la cual proviene la información que estoy a punto de recibir y lo hago mediante mi versión personal de los proverbiales tres cedazos de Sócrates.

CAPÍTULO
SEIS

HISTORIAS SOBRE CÓMO SUPERAR LOS TEMORES

"En la típica sala de juntas moderna,
no es sino mirar un poco más allá de los trajes,
las computadoras y los celulares para darnos cuenta
de que no somos más que una tribu hambrienta
de que alguien nos cuente alguna historia
que nos inspire y nos señale hacia dónde movernos".
—Alan Kay

El naufragio del Septentrión

Mi padre, quien era un amante del mar, de las embarcaciones y de todo lo que tuviera que ver con la navegación, solía contarme la historia del naufragio del Septentrión, el gran navío de la Real Armada Española que estuvo involucrado en la guerra contra los ingleses cuando estos sitiaron a Cartagena de Indias durante tres meses a mediados del siglo XVIII.

Con el tiempo, me di cuenta de que el relato tenía menos que ver con el hundimiento del barco y mucho más que ver con la forma cómo yo debía lidiar con todos los miedos e inseguridades que parecían plagar mi vida durante mis años de juventud.

A nada hay que temerle tanto como al miedo mismo —me advertía él—. ¡Húyele al miedo! Es la lacra más debilitante que te puedas imaginar. Sin duda, es la razón por la cual muchos nunca prosperan. Le temen a todo: a lo desconocido, a los riegos, al rechazo por parte de los demás o a la posibilidad de fracasar. Te aseguro, mijo, que a través de todos mis años en esta tierra, he visto más sueños morir a causa del miedo que por cualquier otra razón.

Entonces, me hablaba de aquel día en que llegó la noticia de que el navío el Septentrión había naufragado en las costas de Málaga a causa de un temporal.

No falta quien diga que el buque habría estado mucho más seguro si en lugar de zarpar hubiese permanecido al amparo de la protección que le ofrecía el puerto —me recordaba siempre que me veía tratando de evitar alguna situación difícil por miedo a fracasar—. Por supuesto que existe cierto peligro en abandonar la seguridad del muelle y aventurarse a navegar por los mares profundos. Todo puede suceder. Es indudable que el Septentrión habría evitado cualquier desgracia con solo permanecer en tierra firme. Pero recuerda que el barco no fue construido para quedarse en el muelle, cuidándose de evitar los peligros, sino para navegar por los mares. De esa misma manera, nosotros fuimos puestos en esta tierra para luchar por nuestros sueños, y eso es lo que debemos hacer sin importar los riesgos que ello implique.

Claro, mijo, que siempre hay riesgos al decir, "haré esto" o "cambiaré tal cosa" o "lograré aquel propósito". Por esta razón, hay quienes jamás se fijan objetivos concretos, ni se atreven a nada creyendo que así eliminan la posibilidad de fracasar. ¡Qué gran error! Porque te aseguro que si el Septentrión hubiese permanecido anclado al muelle, poco a poco, la inactividad y el clima se habrían encargado de podrir la madera del barco y dejarlo inservible.

Lo mismo sucede con las personas que se rehúsan a enfrentar los riesgos que acompañan cualquier desafío.

Con el paso del tiempo, su carácter se debilita, su espíritu se acobarda y terminan por aceptar su incapacidad para enfrentar hasta la aventura que ofrezca el más mínimo peligro. Olvidan que, con frecuencia, los grandes logros exigen riesgos enormes y solo aquellos que aceptan esta realidad tienen la posibilidad de salir victoriosos. Hay que ser valientes, hijo, renunciar a las falsas garantías que suele ofrecer la mediocridad y salir tras lo que sea que el alma anhele, entendiendo que es mucho más peligroso vivir sin ilusiones que arriesgarte a salir tras ellas.

Hoy sé que una de mis mayores responsabilidades es no permitir que el temor haga naufragar mis sueños.

❈

Hay dos puntos que quiero destacar en esta historia: cómo la construí y cuándo suelo utilizarla.

La primera vez que utilicé el relato de *El naufragio del Septentrión* fue en uno de mis libros. La incluí como parte de una carta que un padre le escribe a su hijo advirtiéndole sobre el peligro de permitir que los temores lo paralicen.

Construí la historia a partir de dos enunciados que había leído —tengo por costumbre anotar aquellas frases que me sacuden porque sé que pueden ser los gérmenes de un cuento, una historia o una novela—. La primera frase es del Presidente Franklin Delano Roosevelt: "A nada hay que temerle tanto como al miedo mismo". La segunda, se la escuché a Zig Ziglar, un extraordinario contador de historias: "Sin duda, un barco está más seguro en el muelle". Esas dos frases sumadas a varias tardes de investigación y lectura sobre el naufragio de navíos famosos dieron pie a *El naufragio del Septentrión*.

Te cuento esto para que observes que es posible que muchas de las que serán tus mejores narraciones sean hoy frases sueltas e ideas que están dando vueltas en tu cabeza y que tienes que hilar como el artesano que debes ser.

Generalmente, utilizo esta historia cuando veo que las personas con quienes estoy trabajando en algún proceso de coaching empiezan a buscar excusas o justificaciones para posponer lo que saben que tienen que hacer.

Un proceso de coaching involucra, esencialmente, los siguientes pasos: el diagnóstico de la situación actual; la determinación de los objetivos que se desean alcanzar; el desarrollo de un plan de acción; la implementación de dicho plan y, por último, decidir qué tipo de seguimiento se va realizar.

Cada uno de estos pasos es fundamental para el éxito del proceso. No obstante, ninguno suele presentar más desafíos que la implementación del plan de acción propuesto. Sin acción, todo el proceso de coaching queda reducido a una serie de palabras, observaciones y afirmaciones que no tienen la menor posibilidad de generar cambio alguno. La acción es la clave, y la razón que con mayor frecuencia nos detiene de actuar es el temor. Temor al fracaso, temor al rechazo, temor a lo desconocido, temor a salir de nuestra zona de confort y hacer el ridículo, e inclusive, temor al éxito. Y como ya hemos visto en otras historias, el temor es una emoción muy poderosa. Puede paralizarnos y detenernos de actuar, aun cuando estemos convencidos de que la acción es nuestra mejor alternativa.

Ahora, es importante aclarar que el miedo es una respuesta natural ante el peligro —una emoción primaria, resultado de la aversión natural al riesgo o a cualquier tipo de amenaza—. De manera que, cuando la persona a quien estamos asesorando (entrenando, orientando, enseñando o guiando) ha logrado diagnosticar con claridad y honestidad su situación actual, ha determinado los objetivos que quiere lograr y los cambios que necesita realizar, ha desarrollado un plan de acción para llevar a cabo dichos cambios, y aun así se rehúsa actuar, es porque siente que el hecho de tomar cualquier tipo de acción representa más riesgos y es una mayor amenaza que el no hacer nada y permanecer en el lugar donde está.

Y esto es algo que ocurre con más frecuencia de la que pensamos. Personas que han empezado un negocio, por ejemplo; han fijado algunas metas iniciales, saben cuáles son las tareas o actividades que deben comenzar a realizar de inmediato para que su negocio crezca y prospere, pero no actúan ya sea por miedo al rechazo que puedan experimentar por parte de un prospecto o cliente potencial, por temor a no alcanzar las metas que se han propuesto o, simplemente, por miedo a realizar cualquier actividad que las saque de su zona de comodidad.

Cuando estoy trabajando con alguien que enfrenta una situación como esta, emprendo dos objetivos inmediatos: (1) lograr que entienda que es normal experimentar cierto temor, en particular si estamos trabajando en un campo nuevo para nosotros, y (2) conseguir que comprenda que, a pesar de ese temor que está sintiendo, hay más peligros asociados con permanecer inactivo que con actuar de manera resuelta.

El naufragio del Septentrión nos permite apreciar con claridad este segundo punto, que suele ser el más neurálgico. Nos obliga a escoger entre dos caminos: los sueños o los temores.

Si debes realizar una presentación ante un grupo de clientes, por ejemplo, pero te aterra la idea de hablar en público —pese a saber que esta es una actividad vital para el éxito en tu negocio— debes decidir: ¿vas a permitir que sean tus metas profesionales las que te ayuden a superar ese temor o vas a dejar que el miedo a hablar en público te haga renunciar a dichas metas?

¿Te das cuenta? El gran poder de una historia como esta es que nos reta a decidir si vamos a permitir que sean nuestros sueños y metas los que nos motiven a actuar o si vamos a dejar que nuestros temores nos paralicen. Porque, cuando nos enfocamos en los sueños que estamos persiguiendo, los temores pierden su poder. Pero si nuestro enfoque está en nuestros miedos, nuestra capacidad de soñar se ve disminuida.

De igual manera, el relato del Septentrión nos permite examinar con honestidad cuál es el peor escenario posible si las cosas no salen como las hemos planeado. ¿Qué es lo peor que podría sucedernos si la presentación que realizamos no fuera bien recibida?

Porque el hundimiento del Septentrión le costó la vida a toda su tripulación. No obstante, en nuestro caso, lo peor que nos puede suceder si fracasamos no es tan terrible como llegamos a imaginarnos. Lo más probable es que no vayamos a perderlo todo, ni a ser condenados a cadena perpetua, ni tendremos que pagar con nuestra vida por nuestra osadía de habernos atrevido a hablar en público.

Entonces, ¿cuál es el temor que nos impide actuar? Es simple. Lo que en realidad nos atemoriza acerca de la posibilidad de fracasar es una absurda idea que parecemos desarrollar durante la niñez y que alimentamos a lo largo de toda nuestra vida, que es la de creer que fracaso es sinónimo de fracasado; que una caída, por leve que sea, podría adjudicarnos un rótulo con el que, a decir verdad, nadie quiere cargar.

Sin embargo, *El naufragio del Septentrión* nos ayuda a lograr una mayor perspectiva frente a la situación que estemos enfrentando. Comparado con las muertes ocasionadas por aquel siniestro, un momento bochornoso que hayamos pasado frente a un grupo de personas no es una catástrofe de la cual no seamos capaces de recuperarnos. Y esta es una gran lección que solo una historia como esta nos permite apreciar en toda su dimensión.

La canasta

Esta es la historia de dos hombres que se conocieron mientras viajaban con una caravana de mercaderes que recorría la región del norte de México a comienzos del siglo pasado. Abelardo era joven y fuerte, de espíritu inquieto y aventurero, mientras que Jacinto, bastante entrado en años ya, mostraba los estragos y el cansancio de una vida dura y poco agradecida. Desencantado con su trabajo, el más joven había abandonado su empleo hacía poco tiempo con el propósito de descubrir qué hacer con el resto de su vida. Le inquietaba saber por qué la vida debía ser tan dura o si era que uno mismo la hacía difícil.

Poco después de unirse a la caravana, cuando aún no había entablado amistad con Jacinto, Abelardo notó que este llevaba a su espalda una canasta grande que mantenía siempre cubierta y de la cual nunca se separaba. La carga daba la impresión de ser demasiado pesada para el débil anciano, quien la cuidaba con tal recelo que el joven supuso que en ella el viejo guardaba todas sus posesiones más valiosas.

"¿Qué llevas en la canasta que la hace tan pesada?", le preguntó un día. "Si quieres, yo te ayudo con ella de vez en cuando para que puedas descansar".

"Gracias por tu intención, hijo, pero esto es algo que solo yo debo cargar", le respondió Jacinto con resignación. Y agregó:

"Pero no te impacientes, Abelardo... Es posible que un día tú también lleves una cesta tan pesada como la mía".

Esto despertó aún más la curiosidad del joven quien, a pesar de su insistencia, nunca logró que el anciano le hablara sobre el contenido de su carga. Así que Abelardo comenzó a pensar que a lo mejor se trataba de algún tesoro o de algo de mucho valor.

Todas las noches, el joven observaba como, después del largo día de camino, Jacinto miraba dentro de la canasta examinando su contenido con cuidado y murmurando algo para sí mismo. Pero por más que lo intentaba, jamás logró ver nada que le diera algún indicio sobre lo que el viejo guardaba con tanto recelo. Después de varias semanas de viaje, la curiosidad lo estaba matando.

Al final, cuando el anciano, vencido ya por el esfuerzo y no pudiendo caminar más, se recostó contra un árbol a esperar la muerte, decidió compartir con su joven amigo el contenido de su carga.

"En esta canasta", dijo ya sin fuerzas, "cargo un montón de creencias, dudas y temores que adquirí en mi juventud acerca de mí mismo... Y lo más triste de todo es que ya después de viejo vine a darme cuenta de que nada de lo que he cargado todos estos años es cierto. Demasiado tarde ya, descubrí que todas estas creencias, que pesan como rocas, son las que han hecho tan penoso y arduo mi camino. He llevado a cuestas el peso de la duda y la indecisión; a través de los años, recogí una multitud de limitaciones y complejos que resultaron ser puras mentiras. Estoy seguro, Abelardo, de que, sin todo el peso de esas falsas creencias, hubiese llegado muy lejos".

Después de decir esto, y sin tan siquiera tener tiempo para soltar los lazos que ataban la pesada carga a su espalda, el viejo Jacinto cerró los ojos por última vez.

Cuando Abelardo retiró la cesta de su espalda, notó que no pesaba nada y por eso no le sorprendió que al abrirla la encontrara desocupada.

Sin duda, debieron ser falsas todas las creencias y limitaciones a las que el anciano se refería, ya que solo parecían pesarle a él, pensó el joven haciendo a un lado la canasta vacía.

Es fácil caer en el engaño de pensar que toda información que hemos obtenido a lo largo de nuestra vida, toda instrucción recibida de un profesor, padre o mentor no solo es verdadera, sino valiosa para nuestro éxito. Nos cuesta trabajo creer que las ideas y creencias que adoptamos o el conocimiento que adquirimos puedan afectarnos negativamente. Suponemos que, de alguna manera, nuestra mente está equipada con un mecanismo que le permite filtrar ideas nocivas e información perjudicial, y guardar solo las creencias que tendrán un efecto positivo sobre nosotros.

Pero no es así. Si aceptamos como cierta cualquier creencia o apreciación falsa acerca de nuestras habilidades, ella terminará por coartar nuestro verdadero potencial generando limitaciones que no tienen razón de ser, cegándonos ante nuestros propios talentos y minando nuestra autoestima.

En mi trabajo con ejecutivos, estudiantes y empresarios es común escucharles, tanto a unos como a otros, utilizar expresiones como: "Yo no sirvo para esto", "Aquella nunca ha sido una de mis habilidades", "Jamás he sido bueno para eso", "Desafortunadamente, nunca desarrollé dicha destreza" y otras por el estilo. Lo más curioso es que, muchas de las personas que hacen este tipo de afirmaciones, pocas veces han intentado realizar las actividades para las que aseguran no tener talento ni habilidad.

No obstante, los pocos que se atreven a retar la validez de estas aseveraciones descubren que, con algo de práctica y disciplina, es posible desarrollar aquellas capacidades que creían no tener. Es entonces cuando se dan cuenta de que la mayoría de estas creencias que tenían acerca de su propio potencial eran inexactas o completamente falsas.

Una historia como *La canasta* nos permite apreciar lo absurdo e innecesario que resulta cargar con el peso de tantas falsas creencias. Pese a que el final de la trama podría resultar predecible para algunos, este relato logra mostrarnos la importancia de cuestionarnos sobre la veracidad de todas las creencias que reposan en nuestro interior. Y además, pone de manifiesto algo muy significativo y es el hecho de que, tan absurdas e irracionales como parezcan dichas creencias, son muy reales para quien las está cargando.

Como nos lo deja ver uno de los personajes de este relato, las falsas creencias llegan a convertirse en una prisión de la que es muy difícil, si no imposible, escapar. Y esto es algo con lo que me encuentro muy a menudo en mi trabajo con todo tipo de personas. Cargan con el peso de opiniones, consejos, juicios y críticas que han recibido a lo largo de su vida, provenientes de familiares, amigos, profesores, jefes y hasta de perfectos desconocidos. Y todo este bagaje de dictámenes —muchos de los cuales resultan ser falsos— las hacen sentir como si una nube pesara sobre ellas, manteniéndolas siempre por debajo de su nivel óptimo al momento de tomar decisiones y actuar. De tal manera que, comparadas con lo que podrían ser, es como si solo estuvieran medio despiertas.

Si, como mencioné en la Introducción, la marca de una buena historia es que tiene la capacidad de abrirnos los ojos y hacernos conscientes de la gravedad de las circunstancias que estamos enfrentando, sin duda, *La canasta* nos da un sacudón, nos hace un llamado de alerta que nos confronta con nuestras propias barreras mentales y nos muestra lo que puede llegar a suceder si sucumbimos a las influencias negativas de otras personas y aceptamos su programación negativa sin cuestionamientos.

CAPÍTULO
SIETE

HISTORIAS SOBRE EL PRECIO DEL ÉXITO

"A menudo, la gente me pregunta
cuánto hay de verdad en mis historias
y cuánto he inventado.
Puedo jurar que cada palabra es verdad.
Si no ha pasado, ciertamente podría pasar.
Antes me llamaban mentirosa.
Ahora que me gano la vida con esas mentiras,
me llaman escritora".
—Isabel Allende

El silbato

Cuenta Benjamín Franklin que, cuando cumplió siete años, sus amigos le regalaron unas monedas en su fiesta de cumpleaños. Tan pronto como las recibió, se dirigió a una tienda de juguetes donde lo cautivó el sonido de un silbato con el que un niño jugaba. Sin pensarlo mucho, se acercó a él y le ofreció todo su dinero a cambio del juguete. El chico aceptó y Ben regresó a casa tocando su silbato con gran orgullo.

Al enterarse del precio que había pagado, sus hermanos y primos se burlaron de él reprochándole haber pagado cuatro o cinco veces más de lo que en realidad valía. Una y otra vez, le echaron en cara todo lo que hubiese podido comprar con el resto del dinero si hubiera pensado antes de actuar. Tantas fueron las burlas, que el pobre de Ben lloró amargamente durante días y el recuerdo de su error le causó más dolor que el placer que le producía tocar su silbato.

Para Franklin, esa fue una lección que lo acompañó de ahí en adelante y le sirvió mucho. Aquel silbato adquirió un carácter simbólico en su vida. Cada vez que se sentía tentado a comprar algo innecesario, se repetía a sí mismo: "Recuerda no ir a pagar demasiado por este silbato" y esta reflexión lo ayudaba a ahorrar su dinero. En la medida en que observó las decisiones de otras personas, pudo darse cuenta de que, al igual que él, mucha gente también terminó pagando demasiado por su silbato.

Cierto abogado, por ejemplo, vivía tan ansioso de ganarse el favor y afecto de los jueces, que malgastaba su tiempo asistiendo a los tribunales, renunciaba a su propia opinión y comprometía sus principios con tal de caerle bien a todos. Ben recuerda haber pensado: *Este pobre tipo, sin duda, está pagando demasiado por su silbato.*

Benjamín Franklin escribió algunos detalles sobre tres más de estos casos. Uno de ellos fue el de un negociante tan deseoso de ser popular, que vivía involucrado en todo tipo de comités y manifestaciones políticas con el ánimo de ganar notoriedad. Tan descuidados tenía sus negocios y asuntos personales, que quedó en la ruina a causa de su negligencia. También contó acerca de un miembro de la aristocracia quien, para vestir ropas finas, poseer una casa costosa, muebles elegantes y vivir una vida ostentosa, adquirió grandes deudas y terminó en prisión al no poder responder a sus obligaciones. El tercer caso fue el de una mujer noble, inteligente y de buen temperamento, que, con el fin de mejorar su estatus social, decidió casarse con un rufián sin modales y lleno de vicios.

Franklin recapacitó sobre el alto precio que cada una de estas personas pagó por su silbato y concluyó que gran parte de las miserias de la Humanidad ha sido el resultado de la pobre manera en que calculamos el valor de las cosas, lo que hace que, en muchas ocasiones, nos dejemos deslumbrar por un silbato barato y terminemos pagando más de la cuenta por él.

Esta historia la encontré enterrada en una de las muchas biografías de Benjamín Franklin que consulté hace ya varios años cuando trabajé en el libro *Autobiografía de un hombre feliz*. Recuerdo haber pensado que esta sencilla anécdota, relatada de manera magistral por uno de los hombres más sabios que ha producido nuestro continente, nos ofrece una nueva perspectiva para entender el verdadero valor de las cosas.

Todos sabemos que el logro de cualquier meta tiene un precio. De igual manera, entendemos que el precio del éxito no es negociable; o pagamos el precio por el éxito o terminaremos pagando un precio mayor, que es el fracaso. Así como muchas veces nos empeñamos en pretender pagar un precio demasiado bajo por el logro de una meta alta —en otras palabras, queremos lograr grandes resultados con un mínimo esfuerzo—, otras veces, terminamos pagando un precio demasiado alto por algo que no nos trae mayores beneficios, ni le aporta mayor valor a nuestra vida.

En mis talleres sobre el desarrollo de un plan de metas efectivo, este es quizás uno de los temas en los cuales debo emplear más tiempo: entender el precio real de cada meta que deseamos alcanzar. Solo así sabremos cuánto tendremos que hacer para conseguirla. Déjame darte un ejemplo específico. Cada año, tengo la oportunidad de trabajar con miles de emprendedores que están desarrollando diferentes tipos de negocios utilizando las pocas horas que les quedan disponibles después de atender su trabajo o empleo de tiempo completo. Obviamente, esto requiere que aprendan a manejar su tiempo con gran eficiencia.

Lo curioso es que, pese a que ellos tienen cierta claridad en cuanto a las metas que desean alcanzar, a que saben cuáles son las actividades que deben realizar para que sus negocios prosperen y son conscientes de que su tiempo es limitado, muchos sucumben ante una multitud de distracciones y actividades de mínima importancia que lo único que hacen es robarles su tiempo. Son adictos a las redes sociales, la televisión, la Internet, las lecturas insulsas y a otra serie de trivialidades que colman todo el tiempo que podrían estar dedicándole a su negocio.

Cuando veo con cuánto orgullo se refieren a la enorme cantidad de amigos o seguidores que han logrado acumular en su página de Facebook, les cuento la anécdota de Franklin para que se den cuenta del precio tan alto que están pagando por su silbato.

¿Sí ves? Si la historia de Franklin no hubiese ido más allá de mostrar su error al pagar cuatro o cinco veces más de lo que en realidad valía el silbato, su única aplicabilidad sería, tal vez, para esas ocasiones en las que pagamos más de lo debido por algún producto como resultado de una compra emocional o impulsiva. Pero las apreciaciones que Franklin ofrece sobre aquellas personas que también terminaron pagando un gran precio por sus acciones nos dejan ver que el precio del silbato al cual él se está refiriendo es en realidad al costo de oportunidad.

Este concepto de costo de oportunidad —que se maneja con frecuencia en el campo de la economía— es aplicable en cualquier otra área de la vida y nace de una realidad muy sencilla: el hecho de que los recursos son siempre limitados.

El costo de oportunidad se refiere a las opciones a las que renunciamos cuando tomamos una decisión. En otras palabras, es el valor de la mejor opción no realizada, de la mejor alternativa posible que hemos declinado para llevar a cabo otra acción, puesto que, en virtud de elegir un camino, le estamos diciendo no a los caminos restantes.

Esto es, precisamente, lo que Franklin ilustra cuando habla del comerciante que, en medio de su ansiedad por ganar popularidad, dedicó todo su tiempo a un sinnúmero de actividades que, aunque le ganaron notoriedad, le llevaron a descuidar su negocio y las demás áreas de su vida hasta quedar en la ruina. El costo de oportunidad por su deseo de ser popular le salió demasiado caro. De igual manera, el costo de oportunidad que están pagando los empresarios que mencioné antes —los que sucumben ante la Internet, la televisión y otras trivialidades— es que ellos no verán su negocio crecer, ni prosperar.

Así que, como ves, el costo de oportunidad, representado por el precio del silbato, está siempre presente en todas tus decisiones. Es tu responsabilidad cerciorarte de que las decisiones que tomes sobre cómo utilizar tus recursos reduzca el costo de oportunidad e incremente el beneficio obtenido. Esto resulta aún más trascendental cuando lo que buscas determinar es el uso óptimo del recurso más valioso con el que cuentas: tu tiempo.

Quién se iba imaginar que en una sencilla historia sobre un silbato se encontrara ilustrado uno de los conceptos más importantes a tener en cuenta sobre la toma de decisiones: cómo obtener el mayor beneficio posible a cambio del tiempo invertido.

El viejo y el lago

En una pequeña población vivía uno de esos soñadores que, quizá debido a su juventud, parecen estar constantemente asediados por un desbordado anhelo de triunfar. Pese a que sus logros personales aún no daban fe de ello, muy dentro de sí, él sabía que sus deseos eran sinceros y que, si todavía no había logrado hacer realidad ninguno de sus sueños, no era por falta de voluntad, sino por falta de oportunidades.

Un día, se enteró de que junto al lago situado en las afueras del pueblo vivía alguien que, gracias a sus decisiones, había cosechado grandes éxitos a lo largo de su vida. Así que decidió visitarlo con la esperanza de que él le ayudara a descubrir qué necesitaba hacer para triunfar. Cuando llegó a la casa, un hombre de cara amable y tranquila, vestido con atuendo de pescador salió a su encuentro.

"Buenas tardes, señor. Mi nombre es Antonio. No sé cómo va a sonar lo que voy a decirle, pero he venido a verlo porque tengo un gran deseo de triunfar y me han dicho que nadie mejor que usted para orientarme sobre los principios del éxito". El hombre sonrió, lo cual tranquilizó a Antonio y lo animó a continuar:

"¿Podría decirme cuál fue el secreto de su éxito? ¿Qué necesita una persona para triunfar? ¿Cómo puedo hacer realidad todos mis sueños? ¿Qué es....?"

"Espera un momento, Antonio... Ten paciencia", interrumpió el hombre. "Son demasiadas preguntas a la vez. Además, como verás, ya tenía otros planes para esta mañana. Quizá quieras acompañarme... ¿Te gusta pescar?"

Sabiendo que no podía dejar pasar esta oportunidad, el joven aceptó la invitación y los dos salieron camino al lago. Una vez allí, el hombre le preguntó a Antonio qué estaría dispuesto a hacer para realizar sus sueños y alcanzar el éxito.

El joven lo miró sin saber qué responderle. No quería decir nada inapropiado.

"¡Haré lo que sea necesario!", afirmó con gran entusiasmo.

"Así que estás absolutamente seguro de querer alcanzar el éxito... Y estás convencido de que harías cualquier cosa para lograr tus sueños, ¿no es cierto? Pues bien, te mostraré el factor más importante para alcanzar cualquier meta. ¿Estás listo?". Antonio asintió. Entonces, el viejo le pidió que saltara al agua, se sumergiera y permaneciera allí abajo tanto tiempo como sus pulmones se lo permitieran. Un tanto vacilante, el joven hizo lo que él le pidió sin atreverse a cuestionar sus instrucciones.

Después de un momento, Antonio comenzó a subir de nuevo a la superficie, pero antes de que pudiera sacar la cabeza del agua, el viejo puso su mano sobre ella evitando que saliera. De inmediato, el joven comenzó a luchar por tratar de salir. En cuestión de segundos, la falta de aire se hizo insoportable y la lucha parecía ahora ser de vida o muerte.

Finalmente, después de unos instantes, que al joven debieron parecerle toda una eternidad, su espíritu de lucha comenzó a decaer y dejó de bracear. Fue entonces cuando el hombre le permitió salir y le ayudó a subir a la pequeña embarcación.

"Déjame preguntarte, Antonio", dijo el anciano sin darle demasiado tiempo a reaccionar a lo que acababa de suceder, "cuando yo estaba evitando que salieras del agua y tú comenzaste a luchar por salir, ¿cuál era tu mayor preocupación? En esos momentos ¿qué deseabas tener más que ninguna otra cosa en el mundo? ¿Qué te pedía tu organismo? ¿Qué era aquello que toda fibra de tu cuerpo deseaba tener y por lo que hubieses dado cualquier cosa? ¿Qué te reclamaba tu ser con tal intensidad que su sola ausencia te causaba dolor?"

Todavía agitado, Antonio contestó:

"¡Aire! ¡Aire! ¡Aire! Eso era todo en lo que podía pensar: ¡Aire! No había nada más en el mundo que deseara tener en aquel momento tanto como un poco de aire, por ello hubiese dado cualquier cosa".

"He ahí la respuesta a tu pregunta, Antonio. Ese es el secreto del éxito", repuso el hombre. "Cuando tú desees el éxito con esa misma intensidad, cuando anheles realizar tus sueños más que ninguna otra cosa en el mundo, cuando te cause dolor el aún no haber logrado tus metas y tu éxito se convierta en algo que cada fibra de tu cuerpo reclama a gritos, solo entonces lo alcanzarás. No antes".

Hay un componente sin el cual es muy difícil que cualquier plan de metas produzca los resultados deseados. Es un factor tan importante que, en ocasiones, su sola presencia lograr compensar la deficiencia en otras áreas. Me refiero a la pasión, a las ganas y al deseo ardiente de triunfar y ver una meta hecha realidad.

He dicho que el poder de una historia radica en su capacidad para involucrar a quien la escucha, provocándole emociones y sentimientos que un concepto aislado jamás lograría despertarle. Me parece que este relato logra esto. Porque es fácil —lo cual no quiere decir que sea efectivo— decirles a otros que para lograr sus sueños necesitan sentir pasión por ellos. Sin embargo, *El viejo y el lago* logra ofrecernos un punto de referencia que nos permite reconocer más fácilmente esa pasión y nos obliga a cuestionarnos si en realidad deseamos nuestros sueños y metas con la misma intensidad con la que aquel joven, a punto de ahogarse, anhelaba una bocanada de aire.

No faltará quien argumente que la pasión no es un sentimiento enseñable, que es posible instruir a una persona sobre técnicas y estrategias o asesorarla para que desarrolle sus capacidades al máximo, pero que el entusiasmo y la pasión, las ganas y los deseos de triunfar tienen que venir de adentro, que son parte del carácter del individuo y es imposible tratar de inculcárselos.

No obstante, si hay algo que mis años como estudiante asiduo del éxito me han enseñado es que el entusiasmo y los deseos de triunfar son actitudes que se pueden aprender y desarrollar. Y si no lo hacemos, todas las técnicas y estrategias nos servirán de poco.

¿Por qué? Porque el éxito no siempre es lógico, ni es el resultado de seguir un patrón o una fórmula única. El éxito es visceral; es cuestión de ganas, de estar convencidos de lo que estamos persiguiendo. Si solo se tratara de seguir una serie de pasos, no necesitaríamos reuniones de asesoría, ni entrenamientos, ni sesiones de coaching. Todo lo que tendríamos que hacer sería enviarle a quien sea que estemos tratando de ayudar un documento o un correo electrónico con las estrategias y los pasos a seguir, y eso sería suficiente. Pero no es así. Sin pasión, sin las ganas de triunfar ni el deseo de ver una meta hecha realidad, el mejor plan de acción no pasa de ser más que un montón de palabras muertas.

Cuando hay entusiasmo, motivación y un deseo ardiente, las cosas suceden. En los deportes, por ejemplo, es frecuente ver equipos menos talentosos —que poseen una técnica de juego menos sofisticada y que parecen estar jugando en desventaja— ganarles a equipos considerados como más fuertes. Y cuando buscamos descubrir cuál fue el factor que hizo la diferencia en esta batalla entre David y Goliat, encontramos que la respuesta es: pasión, entusiasmo, ganas, motivación.

¿Ves? Muchas personas se dan por vencidas después del primer contratiempo, mientras que otras caen, pero se levantan y lo intentan una vez más. Y en ocasiones, la única diferencia real entre ellas es la pasión que sienten por lo que están persiguiendo. Mientras que para unos el logro de sus metas no es tan trascendental como para intentarlo una y otra vez, para otros sus metas son algo que tiene que ser realidad sin importar cuantas veces caigan y deban intentarlo de nuevo.

Por eso, en cualquiera de los entrenamientos que realizo, una vez identificamos las metas que queremos lograr, determinamos los cambios que debemos realizar y desarrollamos una estrategia y un plan de acción, mi siguiente pregunta para ellos es: ¿qué es lo que va a hacer que cuando salgas de aquí no archives todo esto en la gaveta del olvido, sino que comiences a trabajar en ello de inmediato? ¿Qué te va a motivar a actuar ya mismo? Y si veo duda, confusión o inseguridad en la respuesta, procedo a compartir la historia de *El viejo y el lago.*

Las palabras del anciano al final de la narración me dan pie para aclarar que no es la efectividad de la estrategia, ni la aparente infalibilidad de los planes, ni la claridad de las metas lo que los hará actuar, sino la intensidad con la cual deseen ver sus sueños realizados.

Esto es lo que logra este relato de manera brillante. Primero, dejarnos ver que pocas cosas nos motivan tanto como la posibilidad de ver nuestras metas y nuestros sueños hechos realidad. Y segundo, retarnos a descubrir qué tanto estamos dispuestos a hacer para que ellos adquieran intensidad; para que, como aclara el viejo de la historia, nos causen ese dolor en el pecho, esas ganas viscerales que nos impulsen a hacer todo lo que esté a nuestro alcance para conquistarlos.

CAPÍTULO
OCHO

HISTORIAS SOBRE DÓNDE BUSCAR LAS OPORTUNIDADES

*"El propósito del contador de historias
no es decirles a los demás cómo pensar,
sino plantearles preguntas
que los cuestionen para que sean ellos
los encargados de responderlas".*
—Brandon Sanderson

El escondite perfecto

Se cuenta que hubo una época en la que los seres humanos, seducidos por lo fácil y lo efímero, terminaron por hacer a un lado los talentos de los que habían sido dotados y dejaron de interesarse por descubrir el secreto del éxito y la felicidad. Ante tal apatía, el concilio de sabios que estaba a cargo de cuidar de tan preciado tesoro decidió esconderlo en algún lugar donde nadie pudiese volver a encontrarlo.

El dilema parecía ser dónde ocultarlo. Uno de los miembros del concilio sugirió enterrarlo en un lugar bien profundo, pero el más sabio de todos dijo: "No, nunca funcionaría porque, con el tiempo, alguien logrará excavar hasta llegar a la parte más profunda de la tierra y, sin duda, lo encontrará". Otro de los sabios propuso ocultarlo en las tenebrosas oscuridades del más hondo de los océanos, pero el más sabio de todos objetó de nuevo arguyendo que tarde o temprano alguien aprendería cómo llegar hasta allí. Surgió entonces la propuesta de llevar el secreto del éxito a la cumbre de la montaña más alta para esconderlo ahí. "¡No, no! Eso tampoco daría resultado, ya que un día alguna persona escalará inclusive la más alta de todas las montañas del planeta, lo descubrirá y se volverá a adueñar de él", discrepó de nuevo el sabio.

Cuando todos parecieron coincidir en que no había lugar seguro en la tierra, ni en el mar para esconder el secreto del éxito sin que, tarde o temprano, alguien lo pudiera encontrar, el más sabio de todos los hombres propuso:

"He aquí lo que haremos para que los seres humanos nunca encuentren el secreto del éxito y la felicidad: lo enterraremos muy dentro de su propia mente. Con seguridad, en medio de su desidia, a ellos nunca se les ocurrirá buscarlo dentro de sí mismos".

Es así como, hasta el día de hoy, pasamos la mayor parte de nuestra vida excavando, navegando y explorando cada rincón del planeta en busca de algo que ya se encuentra dentro de cada uno de nosotros: el secreto para alcanzar el éxito y la felicidad.

⬥⬥⬥

¿A quién no le ha inquietado alguna vez la posibilidad de descubrir cuál es el secreto para triunfar y ser feliz? Sin duda, este es uno de los interrogantes que más preocupa al ser humano. Y el hecho de que nos refiramos a él como a un secreto nos hace pensar que encontrarlo no será tarea fácil. De otra manera, todo el mundo lo sabría y tendríamos éxito y felicidad en abundancia. Pero, al no ser así, lo único que nos queda es aceptar que este "secreto" debe ser algo reservado para unos pocos; una especie de clave secreta que se hereda o un conocimiento específico que algunos adquieren desde pequeños y que, si nosotros no fuimos uno de esos afortunados, tendremos que hacer lo mejor que podamos con lo que hemos recibido.

¿Te has dado cuenta de que, cuando escuchamos una entrevista con algún deportista reconocido, un artista famoso o un empresario exitoso, siempre estamos a la espera de que ellos revelen el secreto de su éxito? Siempre asumimos que el secreto no pudo haber sido solo trabajo duro, disciplina, aprendizaje y perseverancia. Creemos que debe tratarse de algo muy específico que les fue dado a ellos y solo a ellos.

Algo parecido te habrá ocurrido si tienes una red de mercadeo o estás al frente de un equipo de trabajo en tu empresa o eres profesor. A lo mejor, el nuevo prospecto que acaba de entrar al negocio o uno de los miembros de tu equipo de trabajo o alguno de tus estudiantes te pregunte: "¿Cuál es el secreto, cuál es la clave?"

Durante mis presentaciones, de vez en cuando alguien se me acerca y me dice: "Dr. Cruz, siempre he querido escribir un libro. ¿Cuál es el secreto para escribir un libro exitoso?". Por alguna razón, a quienes me hacen esta pregunta se les ha metido en la cabeza que yo debo ser poseedor de un secreto al cual ellos no tienen acceso. De modo que, antes de hablar de todos los pormenores que conlleva el proceso de escribir un libro exitoso, les cuento esta historia para que comprendan que ese secreto que ellos asumen que yo poseo no es ningún secreto, sino una capacidad que también ellos tienen o pueden desarrollar.

¿Te das cuenta? La gran enseñanza de *El escondite perfecto* es que, pese a que todos queremos triunfar, nuestra tendencia es a buscar fuera de nosotros algo que siempre se encontró en nuestro interior: la clave del éxito y la felicidad. Es triste, pero a muchas personas les resulta difícil aceptar que el conocimiento, las habilidades y talentos necesarios para hacer sus sueños realidad estén tan cerca. Asumen que, si así fuera, ya los habrían logrado.

En el fondo, este cuento nos reta a considerar una realidad diferente, a imaginar que las respuestas a nuestras preguntas, las soluciones a nuestros problemas y el poder para hacer realidad inclusive nuestras metas más ambiciosas ya se encuentran dentro de cada uno de nosotros, y que lo único que debemos hacer es aceptar esta realidad, preguntar, escuchar y confiar en esa voz interior que nos indica el camino a seguir. Y si las respuestas que hemos recibido hasta el momento no son satisfactorias, eso solo quiere decir que debemos aprender a hacernos mejores preguntas.

Acres de diamantes

Cuenta Russell Conwell que en 1870 descendía, junto con un grupo de viajeros ingleses, por el valle entre los ríos Tigris y Éufrates. Habían contratado un guía en la ciudad de Bagdad para que los llevara hasta el mar Arábigo.

El guía conocía muy bien toda la región y además le encantaba contar historias para distraer a los turistas. Un día, les contó la anécdota de un granjero persa llamado Al Hafed, que vivía cerca de la ribera del río Indo. Al Hafed era muy rico, tenía una inmensa hacienda con huertos, rebaños y campos de cereales en la que vivía tranquilo y satisfecho con la fortuna que había logrado construir para él y su familia.

En cierta ocasión, el viejo granjero recibió la visita de un amigo que le habló de cómo se habían formado los minerales y metales preciosos; de cómo, hacía miles de años, la masa de roca fundida en el interior del planeta atravesó la corteza exterior creando montañas, valles, colinas y llanuras. Si esa masa fundida que salía a la superficie se cristalizaba de inmediato, se transformaba en granito; si se enfriaba más despacio, se convertía en plata; y si lo hacía aún con mayor lentitud, se tornaba en oro. Después del oro se producían los diamantes.

Luego, el visitante afirmó que un puñado de diamantes sería suficiente para comprar todas las tierras de la comarca. Con una mina de diamantes, Al Hafed podría poseer títulos y tronos para él y sus hijos, gracias a la influencia que le daría su gran riqueza.

Al Hafed escuchaba con atención sobre lo mucho que valían estas piedras preciosas y, cuando se fue a dormir esa noche, ya no se sentía tan rico como antes. Es más, se sentía pobre, no porque hubiese perdido su riqueza, sino porque ya no estaba satisfecho con lo que tenía. La posibilidad de ser dueño de una mina de diamantes lo mantuvo despierto toda la noche. Así que al día siguiente, muy de mañana, buscó con gran ansiedad a su amigo y le preguntó dónde podría encontrar diamantes.

"¿Para qué quieres diamantes?", le preguntó su amigo, sorprendido.

"Para ser inmensamente rico", respondió Al Hafed. "Pero necesito que me des una idea de dónde empezar a buscarlos".

"Si deseas encontrar diamantes, tendrás que buscar una corriente de agua que fluya sobre arenas blancas entre altas montañas. En esos terrenos casi siempre es posible encontrarlos".

"¿Crees en verdad que exista tal río?"

"¡Por supuesto que sí! Existen muchos de esos ríos en la tierra. Todo lo que tienes que hacer es ir y buscarlos, y entonces tendrás lo que tanto quieres".

Al Hafed vendió su finca, recogió todo su dinero y sus posesiones, dejó a su familia al cuidado de unos vecinos y se marchó en busca de los diamantes. Después de largo tiempo, habiendo agotado ya todo su capital y sin haber podido hallar lo que tanto deseaba, se le veía ir de un lado a otro, afligido, muerto de hambre y con su ropa hecha harapos. Tal era su congoja que un día no pudo resistir la tentación de acabar con su vida y se arrojó al mar, y nunca más lo volvieron a ver.

Cuenta la historia que el hombre que le compró la finca a Al Hafed llevó un día a su camello a beber en el riachuelo que corría en la parte trasera de su casa; cuando el animal metió el hocico entre las aguas poco profundas del arroyo, el hombre advirtió que brotaba un rayo de luz de las arenas blancas. Estiró la mano y sacó una piedra oscura que tenía un extraño punto de luz que reflejaba todos los colores del arco iris. Como le pareció una bonita curiosidad, se la llevó a casa, la puso sobre la repisa de la chimenea y ahí la dejó olvidada.

Meses más tarde, el amigo que años atrás había visitado a Al Hafed regresó a buscarlo. El nuevo dueño lo invitó a seguir. Al ver la piedra con el punto de luz sobre la repisa, el visitante exclamó:

"¡Un diamante! ¿Regresó Al Hafed?"

"No, no, Al Hafed no ha regresado… Y eso no es ningún diamante; no es más que una piedra que encontré aquí en mi jardín".

"¡No… Eso es un diamante! Puedo reconocerlo a simple vista".

Entonces, los dos hombres corrieron hacia el arroyo, removieron las arenas blancas y escarbaron un poco más encontrando piedras aún más hermosas y valiosas que la primera.

Fue así como se descubrieron las minas de diamantes de Golconda, las minas más ricas de toda la Historia. Estos yacimientos han producido diamantes más bellos que los que se hayan encontrado en cualquier otro lugar.

Si Al Hafed hubiese permanecido en casa, y hubiera buscado y excavado en su propio jardín, habría encontrado acres de diamantes y no la vida de hambre y pobreza que lo condujo a la muerte en tierras extrañas.

◂•▸

En el 2005 leí un pequeño libro titulado *Acres de diamantes*, escrito por Russell Conwell. Más que un libro, se trataba de la transcripción de una conferencia que el autor ofreció más de seis mil veces alrededor del mundo, la cual es considerada como su mejor y más famosa disertación. Lo busqué, esperando que el libro existiese en español, pero fue imposible hallarlo. De manera que hice lo único que podía hacer y durante el siguiente año traduje el discurso en su totalidad.

Conwell utilizó la historia de *Acres de diamantes* para ayudar a sus lectores a comprender que la auténtica grandeza consiste en hacer grandes cosas empezando con aquellos recursos que tenemos a nuestro alcance, por escasos que parezcan. Él consideraba que la única manera de lograr nuestras metas, por más ambiciosas que sean, es partiendo desde donde estemos. El relato —que da la impresión de ser anecdótico— nos invita a considerar que el éxito y las oportunidades no necesariamente se encuentran en lugares distantes. Si estamos dispuestos a buscarlos, es posible hallarlos en nuestro propio patio.

Este es, sin duda, uno de los aspectos con el que luchamos más a menudo en el camino hacia la realización de nuestros sueños: dónde encontrar las oportunidades y los recursos que nos ayuden a hacerlos realidad.

Acres de diamantes es una de esas narraciones que desata toda una serie de emociones en nuestro interior. Lo que le ocurrió a Al Hafed nos inquieta de principio a fin; y aunque esta sea una de esas tramas en las que a mitad de camino ya presentimos como van a terminar, aun así es imposible parar de leerla.

En un principio, nos desconcierta la decisión del protagonista de abandonar todo lo que tenía para salir en busca de un tesoro que hasta ese momento no había necesitado, pero sin el cual ahora no podía vivir. Sufrimos pensando en los desencantos y las caídas que debió padecer, que lo llevaron a morir lejos de su hogar. Pero, por sobre todo, nos impresiona descubrir que ese tesoro que él buscaba tan lejos de su tierra natal se encontraba en el patio trasero de su casa.

De igual manera, la muerte de Al Hafed genera diferentes emociones. Algunos la ven como un castigo a su codicia, mientras para otros fue el resultado de no haberle sabido dar prioridad a lo realmente importante en su vida. Inclusive, se puede argumentar que lo que le costó la vida fue su ceguera al no haber considerado nunca la posibilidad de que aquella riqueza que tanto anhelaba estuviese tan cerca.

Sea como sea, la lección más importante que nos queda es que, en ocasiones, no reconocemos nuestra propia fortuna porque se encuentra más cerca de nosotros de lo que pensamos. En realidad, Conwell nos está retando a considerar el hecho de que no necesitamos ir demasiado lejos para encontrar nuestros propios acres de diamantes.

Con frecuencia, cito esta historia cuando estoy frente a emprendedores y empresarios que desean desarrollar un gran negocio, pero sienten que se encuentran en el lugar equivocado y que si estuvieran en otro país, en otro mercado, en otra industria o en otra empresa, con seguridad, sí serían muy exitosos. Algo que, según ellos, es imposible de lograr en el país, la industria o la empresa en la que actualmente se encuentran.

Ahora bien, yo soy el primero en aplaudir el hecho de que, si las oportunidades que tú estás buscando no se encuentran en donde estás, pues debes salir a buscarlas donde quiera que sea. Sin embargo, muchas veces estamos sentados sobre una mina de oro —o de diamantes— quejándonos de nuestra pobreza, de la falta de oportunidades y de lo injusta que es la vida.

Entonces, la próxima vez que te encuentres frente a una de esas personas que han caído en el engaño de "allá es mejor que aquí", que opinan que las mejores oportunidades se encuentran en cualquier otro lado menos donde ellas están y sienten que el mejor tiempo para actuar ya pasó, te invito a que le compartas este maravilloso relato como preámbulo a ayudarle a reconocer todas las oportunidades que ya se encuentran a su alrededor.

CAPÍTULO
NUEVE

HISTORIAS SOBRE LA IMPORTANCIA DE CREER EN TI MISMO

*"Tuve que descubrir y entender
mi propia historia antes de poder escuchar y
ayudar a los demás con las suyas".*
—Barack Obama

La sequía

En la iglesia de una pequeña población el pastor les anunció a todos los miembros de su congregación que la semana siguiente habría un servicio especial con el fin de orar para que terminara la severa sequía que desde hacía mucho tiempo azotaba la región. Todos recibieron con alegría la noticia ya que la falta de lluvia tenía en graves aprietos a todas las granjas y a los negocios de la zona. De manera que, el día convenido, llegaron muy puntuales al servicio.

Cuando la oración estaba a punto de comenzar, el pastor paseó la mirada por la concurrencia, se detuvo un momento y, luego, dijo a manera de reflexión:

"Durante veinte años les he estado hablando acerca de la fe, pero ¿les han prestado atención a mis palabras? ¡No! Veo que ninguno aquí cree que en verdad lloverá".

Extrañados, los feligreses se preguntaban por qué su líder espiritual se mostraba tan decepcionado. Después de todo, habían llegado con inusual puntualidad.

"Permítanme hacerles una pregunta", prosiguió el pastor. "Todos estamos aquí reunidos con el único propósito de orar para que llueva, ¿no es cierto?"

¡Así es!, respondieron al unísono.

"Y todos tenemos fe en que lloverá como resultado de nuestra oración, ¿correcto?".

"Claro que sí", manifestaron todos de nuevo.

"Si es así, ¿cómo es que ninguno de ustedes ha traído un paraguas?"

◆◆◆

Me encanta este tipo de relatos: cortos, contundentes y matizados con algo de humor. Tal vez no sea uno de esos chistes que te hace reír a carcajadas, pero, sin duda, sí es un apunte que te roba una sonrisa y, lo que es más importante aún, te obliga a pensar.

Cuando trabajamos con otras personas, ya sea ayudándolas a superar algún reto o enseñándoles los pasos que deben dar para llevar a cabo alguna tarea, con frecuencia encontramos que el nivel de entusiasmo o compromiso que dicen tener no se ve reflejado en sus acciones. Y esto es exactamente lo que ocurre en esta historia.

Todos llegaron a la iglesia con la esperanza de que su oración les trajera la lluvia que tanto necesitaban. Aún así, el hecho de que a ninguno de ellos se le hubiese ocurrido llevar un paraguas demuestra que no esperaban que sus oraciones fueran a lograr mayores resultados. Si bien estaban dispuestos a realizar el trabajo —orar—, muy dentro de sí estaban seguros de que nada cambiaría.

En cierta ocasión escuché a un obispo canadiense decir que todos somos expertos al momento de pedir milagros, pero que muy pocas veces nos preparamos para recibirlos. Es evidente que esa es una de las múltiples lecciones que nos enseña esta historia que tipifica lo que ocurre muy a menudo con personas que quieren ver cambios en alguna área de su vida. Al comienzo, manifiestan su deseo de cambiar; dan la impresión de querer cambiar; inclusive muestran su iniciativa para realizar dichos cambios, pero al momento de traducir todas sus buenas intenciones en acciones concretas, no actúan.

Recuerdo que, hace algunos años, realicé un taller de ventas en la Ciudad de México. Durante las entrevistas que llevé a cabo en radio y televisión para promover el evento, aseguré que todos aquellos que asistieran a la conferencia saldrían de allí con, por lo menos, tres o cuatro nuevos contactos, nuevos prospectos para su negocio o clientes potenciales para sus productos.

El día del evento, lo primero que hice antes de empezar mi presentación fue ratificar una vez más esta promesa; después, pregunté a cuántos de los asistentes les entusiasmaba la idea de salir de allí con información que les ayudara a desarrollar una carrera más exitosa en el campo de las ventas y, además, con tres o cuatro nuevos clientes potenciales. Como te imaginarás, la audiencia entera aplaudió manifestando su entusiasmo. Y no era para menos, si uno o dos de estos nuevos prospectos se convertían en clientes, el taller se habría pagado por sí solo.

Uno de los primeros ejercicios que realicé fue pedirles a los asistentes, quienes en su mayoría trabajaba en el área comercial de sus respectivas empresas, que hicieran una breve presentación de su producto o servicio a alguien que estuviese sentado cerca de ellos y que no conocieran. Después de esto, la otra persona también tendría la oportunidad de hacer lo mismo. Pero el objetivo del ejercicio no era simplemente que ensayaran su presentación, sino que lograran venderle algo a su interlocutor o, por lo menos, interesarlo lo suficiente como para que les diera una cita posterior en la cual pudiesen hacerle una demostración más extensa de su producto o servicio.

Este ejercicio se basa en la siguiente premisa: cuando trabajas en ventas —y como ya sabes, todos somos vendedores—, toda persona a tu alrededor es un cliente potencial. Si eres representante de una compañía de telefonía celular, abogado, peluquero, vendedor de seguros, médico o dueño de un restaurante, donde quiera que mires, puedes estar seguro de estar viendo un cliente potencial para tu producto o servicio.

Después de realizar esta dinámica un par de veces más, le pregunté a la audiencia cuántos habían tenido éxito en cerrar alguna venta o en concretar una cita posterior. No me sorprendió que solo algunos de ellos levantaran la mano. Esto es algo que he visto una y otra vez. Aún así, los resultados confirmaban que, a quienes hicieron su parte, se les cumplió lo prometido durante la promoción del evento.

Sin embargo, lo que realmente me interesaba era saber por qué la gran mayoría de los asistentes no tuvo éxito. Así que invité a varios de ellos al escenario para que compartieran su experiencia con el público. Algunas de las razones que dieron como las causantes de no haber logrado mayor éxito durante el ejercicio incluían excusas como: "No venía preparado para hablar de mi producto", "Mi presentación toma mucho más de un par de minutos", "No tenía mi producto para hacer una demostración", "No traje mis tarjetas de negocios" y otras tantas.

Todas ellas, de una u otra manera, manifestaban la misma actitud de los parroquianos de nuestro cuento. Les atraía la idea de salir del evento con tres o cuatro nuevos prospectos, pero no llegaron preparados para conseguirlos.

Una historia como *La sequía* nos reta a no permitir que nuestros propósitos se queden en solo palabras. Como ya hemos visto, el verdadero valor de cualquier relato es confrontarnos con la necesidad de actuar, de ponernos en movimiento y no permitir que nuestras metas y objetivos no pasen de ser más que buenas intenciones. Desde ese punto de vista, esta historia es quizá corta, pero increíblemente poderosa.

El vendedor más hábil del mundo

La plaza de mercado se encontraba atiborrada de comerciantes ofreciendo todo tipo de mercancías: granos secos, especias, lácteos y el fruto de las cosechas de la temporada. No muy lejos de allí vivía José, quien soñaba con ser un gran vendedor. Le atraían la independencia y autonomía con que trabajaban los mercaderes que veía. En su deseo por aprender, cada semana pasaba horas enteras prestándole atención a la destreza con la que ellos ofrecían sus productos, a la manera como respondían a las objeciones de sus clientes y a la pericia para negociar los precios y vender sus mercancías. Y aunque el joven no estaba seguro de ser tan habilidoso como ellos, confiaba en que, poco a poco, su paciente capacidad de observación le revelaría las aptitudes y talentos que necesitaba adquirir.

Cierto día, José se encontró ante la persona que habría de enseñarle aquello que tanto anhelaba aprender. Curiosamente, no sería uno de los tantos vendedores que observaba cada semana, sino un forastero entrado en años que apareció un día en el mercado, saludando a la gente y conversando con todos con tal familiaridad que era como si conociera a todo el mundo desde siempre.

Hacia el mediodía, el hombre se situó debajo de una ceiba donde los mercaderes y campesinos se paraban a resguardarse del sol. Comenzó a hablarles de las ciudades y pueblos que había visitado en otras provincias, y de lo mucho que su comercio y sus mercados se parecían: campesinos y comerciantes que, al igual que ellos, cada domingo llegaban muy temprano a la plaza del pueblo con la esperanza de vender el fruto de sus cosechas. Todos con el mismo fin en mente: conseguir lo suficiente para subsistir, para mantener a sus familias y quizá poder guardar algo para los tiempos difíciles.

"¡Bueno! Ve al grano ya y dinos que estás vendiendo para poder continuar con nuestros quehaceres", interrumpió con impaciencia uno de los presentes.

Sin perder la calma, el hombre continuó relatando la manera en que los campesinos repetían esta rutina, semana tras semana, sin que su suerte cambiara, ni las utilidades aumentaran; y mientras tanto, los años pasaban, el cuerpo no les respondía igual que cuando eran jóvenes y, aun así, debían afrontar las arduas labores sin la ayuda de nadie.

"¿Qué responderían", preguntó entonces el forastero, "si les dijera que el vendedor más hábil del mundo quiere venir a trabajar para ustedes ayudándoles a vender su carga al mejor precio posible; que desea mostrarles cómo duplicar el producido de su tierra y que está dispuesto a hacerlo todo absolutamente gratis?".

"Diría que estás loco", gritó otro hombre, provocando risas y burlas entre los demás.

"¡Ah! Pero esa persona existe", afirmó el anciano. "Y estoy seguro de que, si les dijera que la puedo traer a trabajar para ustedes mañana mismo, me pedirían que me asegurara que cuenta con esta o aquella habilidad, ya que cada una de sus actividades demanda talentos y destrezas especiales. Es más, si pudieran escoger las habilidades de este ayudante, ¿qué destrezas quisieran que tuviera? ¿De qué aptitudes específicas quisieran poder dotarlo?"

"Que sea hábil para los negocios", respondió alguien.

"Muy bien", dijo el anciano y procedió a escribir esta cualidad en una pequeña pizarra que llevaba consigo.

Esto animó a otro de los presentes a decir: "¡Tiene que ser honesto y leal!" El viejo volvió a escribir. Y así comenzaron a salir más y más talentos: entusiasta, disciplinado, perseverante, laborioso, constante... Una tras otra continuaron surgiendo nuevas cualidades hasta que poco a poco la gente pareció no encontrar más atributos de los cuales dotar a aquel trabajador imaginario.

Entonces, el anciano levantó el pizarrón para mostrárselo a todos los que se habían reunido a su alrededor.

"Aquí están todas las aptitudes, habilidades y destrezas que les gustaría ver en este vendedor ideal. ¿Cuántos quisieran de verdad tener a este hombre trabajando para ustedes?".

Todos asintieron.

"¿Quién cree que una persona con estas cualidades está en capacidad de triunfar en cualquier trabajo que emprenda?" De nuevo la aprobación fue general.

"Es más", prosiguió el anciano, "¿quienes quisieran poseer estas aptitudes?" Esta vez, la aprobación fue aún mayor.

El anciano calló por un momento, recorrió con sus ojos las miradas expectantes de mercaderes, mujeres y niños que esperaban con ansiedad la siguiente palabra que saliera de su boca; luego, les dijo con gran entusiasmo:

"La buena noticia es que ustedes ya poseen todas estas cualidades. Este vendedor ideal al cual me he referido ya existe en cada uno de ustedes".

Curiosamente, en lugar de responder con igual entusiasmo, la muchedumbre pareció desconcertada. Pese a lo que tal afirmación representaba, nadie supo cómo responder, ni qué decir, hasta que José se atrevió a preguntar:

"Si es cierto, como aseguras, que ya contamos con esas aptitudes, ¿por qué entonces, como dijiste hace un momento, todos estamos apenas subsistiendo?"

"Buena pregunta", repuso el anciano sonriendo, mientras se acercaba a José. "El problema no es que ustedes no las tengan, sino que no las utilizan. Pero todos y cada uno de ustedes ya poseen, en mayor o menor grado, cada una de estas cualidades".

Este argumento siguió sin convencer a los presentes. De modo que el anciano les propuso demostrarles que lo que decía era tal como él aseguraba.

"¡Quiero leer cada una de estas cualidades que ustedes identificaron como los atributos del trabajador ideal!", dijo en voz alta para asegurarse de que todo el mundo lo escuchara. "Recuerden que fueron ustedes mismos los que dijeron que quien poseyera estas aptitudes podría triunfar en cualquier trabajo. Entonces, cuando lea una cualidad que alguno de ustedes no crea poseer, así sea en menor grado, quiero que me lo dejen saber".

Una por una, el anciano leyó las más de veinte virtudes que la muchedumbre había identificado previamente sin que nadie lo detuviera mientras leía.

En ese momento, José entendió que el hombre estaba en lo cierto. En la medida en que aquel extraño leía estas cualidades, él pudo ver que las poseía todas. Quizás hubiese querido tener algunas de ellas en mayor medida, pero el hecho era que las poseía; ya se encontraban en su interior. Tal vez, adormecidas por falta de uso, pero lo cierto era que se hallaban dentro de él. Todo lo que él necesitaba era creer y confiar en sí mismo.

◆

En todos mis años trabajando con estudiantes, profesionales y empresarios por igual, una y otra vez he podido confirmar que el obstáculo más grande que el ser humano enfrenta en el camino hacia el logro de sus metas es la falta de fe en sus propias habilidades.

La historia del vendedor más hábil del mundo ilustra la que podría ser una de las mayores tragedias que confronta a todo individuo: su incapacidad para reconocer y aceptar los talentos y habilidades que ya posee. Parece increíble que tantas personas que a lo mejor podrían triunfar en los negocios, los deportes, el arte o cualquier profesión, ni siquiera se atrevan a intentarlo porque, sencillamente, no creen contar con las aptitudes y destrezas necesarias.

Lo más triste de todo es que muchos de los que afirman con total convicción que ellos "no tienen habilidades para los negocios", o que "de negocios no saben nada", hacen estas aseveraciones sin tan siquiera haber comprobado si lo que están diciendo es cierto. No es que ya hayan intentado empezar un negocio antes y fracasaron; es que, simple y llanamente, asumen que no tienen el talento que se requiere para construir una empresa exitosa. Concluyen que, si lo tuvieran, ya se les hubiese ocurrido empezar un negocio antes. ¿Te das cuenta lo absurdo de esta manera de pensar?

Ahora, yo sé que no todos podemos ser súper deportistas, ni los número uno en todo lo que intentemos, pero también sé que todos tenemos la habilidad para aprender y desarrollar las aptitudes necesarias para triunfar. Recuerdo una ocasión en que me dirigía a un grupo de empresarios que construía una red de mercadeo y les decía que una de las mayores dificultades que enfrentamos con todo nuevo prospecto no es lograr que crea en la empresa, en el producto o en el plan de compensación, sino lograr que crea en sí mismo.

Y eso es lo que esta historia nos invita a hacer: a creer en nosotros mismos. A no dar por sentado que no contamos con las destrezas para triunfar; a darnos la oportunidad de descubrir el potencial que ya se encuentra dentro de cada uno de nosotros y, lo que es más importante aún, a entender que, así no creamos contar con dichas habilidades, siempre estamos en capacidad de desarrollarlas.

La primera vez que utilicé esta historia fue con mis estudiantes en la universidad, antes de comenzar uno de los cursos más difíciles en toda su carrera: Física Cuántica, la última materia que debían tomar antes de graduarse. Era mi primer año como profesor universitario y había tomado todo el verano para preparar la clase. Estaba muy entusiasmado y tenía grandes expectativas, aunque sabía que era una materia con la cual muchos estudiantes tenían serias dificultades.

El primer día, llegué al salón de clase y ya estaban todos preparados en sus escritorios. La ansiedad se les notaba en la cara. No era miedo, ni preocupación; era verdadero terror ya que, durante sus primeros cuatro años de estudios, habían escuchado de otros estudiantes que esta era la materia más difícil, que muchos la reprobaban, que era imposible de entender y que sería un milagro si lograban pasarla.

En tales circunstancias, yo tenía dos opciones. La primera, empezar mi clase ignorando el evidente temor que los embargaba y permitiendo que cada uno lidiara con sus pobres expectativas como mejor pudiera. La segunda, ayudarlos a reconocer que, si estaban ahí sentados, y si ya habían aprobado todas las clases de los primeros tres años y medio, pues lo más seguro era que ya contaran con la capacidad, las destrezas y el conocimiento para aprobar esta materia.

Así que procedí a contarles el relato del vendedor más hábil del mundo, tras lo cual me dispuse a realizar el mismo ejercicio que llevara a cabo el anciano de la historia. Les pedí que me ayudaran a identificar todas las habilidades, aptitudes, capacidades y conocimientos que, de acuerdo a ellos, fueran indispensables para pasar Física Cuántica con la mejor nota posible. Cuando terminamos, había ocho o diez cualidades escritas en la pizarra. Y al igual que el hombre de la historia, las fui leyendo una a una y les pedí que me detuvieran cuando llegara a una cualidad que ellos creyeran no poseer, así fuera en mínimo grado.

Los resultados fueron los mismos que nuestro joven aprendiz de vendedor experimentara. A partir de ese momento, la actitud de todos mis estudiantes cambió. Su autoconfianza aumentó notablemente como consecuencia de enfocar su atención en sus fortalezas y no es sus supuestas debilidades. ¿Cuál fue el resultado? No solo todos pasaron el curso con buenas calificaciones, sino que aprendieron a conocerse un poco mejor, a darse cuenta de su verdadero potencial y a entender que la opinión que ellos tengan de sí mismos es más importante que las expectativas u opiniones de los demás.

La próxima vez que te encuentres frente a un grupo de prospectos o estudiantes, o frente a tus hijos, y les estés hablando de un nuevo proyecto, de una oportunidad de negocio o de una tarea que los rete, que los saque de su zona de comodidad, y recibas la excusa de "yo no sirvo para eso", considera si esta historia podría ayudarles a abrir su mente ante la grandeza que ya se encuentra en su interior.

CAPÍTULO

DIEZ

HISTORIAS SOBRE LA IMPORTANCIA DE ELIMINAR LAS EXCUSAS

"Pese a que las caídas a veces logran
desilusionarnos y hasta debilitarnos,
la historia apropiada nos vuelve a conectar
con nuestras fortalezas y aptitudes reales,
con la experiencia y sabiduría olvidadas
y con esa luz de esperanza
que había comenzado a apagarse".
—Nancy Mellon

El perro quejumbroso

Un forastero llegó a la casa de un viejo labrador. Junto a la puerta se encontraba sentado uno de sus perros. Era evidente que algo le molestaba, ya que ladraba y se quejaba sin parar. Después de unos minutos de presenciar su evidente estado de incomodidad y dolor, el visitante le preguntó al granjero qué le estaría sucediendo al pobre animal.

"No se preocupe ni le preste atención", respondió este sin mostrar mayor preocupación. "Ese perro lleva varios años en las mismas".

"Pero... ¿nunca lo ha llevado a un veterinario a ver qué le estará sucediendo? Mire que puede ser algo grave", señaló el visitante visiblemente consternado por el lamentable estado del animal.

"Ah no, no hay nada de qué preocuparse; yo sé qué es lo que le molesta. Lo que sucede es que es un perro perezoso".

"¿Y qué tiene eso que ver con sus ladridos?", indagó al no entender la relación entre la flojera del animal y sus lamentos.

"Vera usted, ocurre que, justo donde está acostado, se encuentra la punta de un clavo que sobresale del piso y lo pincha y lo molesta cada vez que se sienta ahí; por eso, sus ladridos y quejas".

"Pero... ¿por qué no se mueve a otro lugar?"

"Porque, seguramente, el clavo lo molesta lo suficiente como para quejarse, pero no lo suficiente como para moverse".

Esta es una de mis historias favoritas. Pese a que no era parte de la primera edición de mi libro *La Vaca*, me fue imposible resistirme a la idea de no incluirla en una de las ediciones posteriores. Para mí, esta es la historia perfecta: breve, humorística, franca, y que logra impartir una enseñanza de gran profundidad sin necesidad de largos sermones.

Cuando trabajamos con otros, ya sea fijando nuevas metas de ventas con nuestros empleados, asignándole un proyecto a un grupo de estudiantes, guiando a nuestros hijos en cualquiera de las etapas de su vida o ayudándole a un nuevo empresario a dar los primeros pasos en su negocio, tarde o temprano nos encontramos con algún perro quejumbroso —personas que se quejan por todo—; tienen mil excusas para no hacer nada, no le ven solución a ningún problema, pero parecen siempre encontrarle mil problemas a cada solución que les propongamos. Se han acostumbrado a jugar el papel de víctimas y dan la impresión de estar más interesadas en buscar culpables que en encontrar respuestas. Esto hace que anden siempre a la defensiva y que cualquier mención que hagamos sobre su pobre actitud la perciban como un ataque personal. En tales circunstancias, la tensión es alta y, a menos que hagamos algo drástico, la comunicaci prospera.

Una historia como esta puede hacer que ellas bajen la guardia un poco, que abran su mente y consideren si a lo mejor no están actuando como el lastimero protagonista de nuestro relato. La terca actitud del perro nos confronta con el peor enemigo del éxito: el conformismo. El obstinado animal ha terminado por conformarse con su sufrimiento. Gime y ladra sin consuelo para dejarle saber a todo el mundo sobre su dolor e incomodidad, pero no está dispuesto a moverse un centímetro para solucionar su problema.

Con frecuencia, utilizo esta historia del perro quejumbroso para ilustrar un concepto que a muchos de los asistentes a mis conferencias les resulta difícil aceptar: el conformismo es peor que el fracaso total. ¡Es cierto! Pese a que creamos que el fracaso total es el peor resultado posible, no es así. Este, por lo menos, nos obliga a actuar, a evaluar otras opciones. Cuando hemos tocado fondo y nos encontramos en el punto más bajo de nuestra vida, no tenemos sino dos opciones: quedarnos ahí o rebotar, ascender. Sin embargo, con el conformismo sucede todo lo contrario, es soportable, es posible vivir con él. Nos incomoda y molesta lo suficiente como para andar quejándonos, pero no lo suficiente como para que decidamos cambiar.

Una vez termino de contar la historia, suelo preguntarle a la audiencia si conocen a alguien que se encuentre en esta situación o si, a lo mejor, ellos mismos están lidiando con un clavo que los ha venido irritando y que no les ha permitido salir adelante, pero del cual continúan quejándose sin hacer nada al respecto. La respuesta siempre deja en evidencia que, para muchos, las excusas aún priman sobre la acción. Esta historia nos invita a reflexionar sobre qué acciones concretas estamos dispuestos a realizar en este preciso momento para que este clavo no nos continúe molestando.

La roca

Un grupo de ingenieros se encontraba realizando el estudio geológico del subsuelo de una zona en la que se planeaba construir una carretera de acceso a una remota población. Al llegar a cierto tramo del camino se encontraron con un obstáculo que, a primera vista, daba la impresión de ser imposible de superar: una gigantesca roca atravesada en un punto por donde, necesariamente, debería pasar la vía.

No parecía haber forma de desviar el camino sin incurrir en gastos enormes que harían poco viable su construcción, de modo que decidieron que la única solución era despedazar el gigantesco peñón y removerlo del lugar. El problema era que, debido a su localización y a la inestabilidad geológica del área, no era posible el acceso de maquinaria pesada, ni mucho menos el uso de explosivos para removerlo. Tendrían que recurrir a la manera más rudimentaria de llevar a cabo aquella tarea: mediante el uso de un buen mazo y de mucha paciencia.

Cuando la compañía anunció que buscaba un contratista local que pudiera realizar el trabajo en un plazo de dos semanas, varios constructores y obreros de la región acudieron a la zona para evaluar el proyecto, pero, a pesar de su interés inicial, pronto lo rechazaron.

Al primer contratista en llegar, no le tomó sino unos cuantos segundos observar la descomunal roca para concluir que era una tarea imposible. "Es demasiado grande. No creo que nadie vaya a lograr lo que ustedes piden", decretó enfáticamente y se marchó.

El siguiente, no vio la tarea como algo imposible de realizar. "Puede hacerse", dijo con cierta seguridad, "pero no me atrevo a asegurar que yo sea el indicado para llevar a cabo este trabajo".

Otro que llegó después, tomó un poco más de tiempo examinando el terreno, pero al final llegó a la misma conclusión: "No es imposible, y en otras circunstancias yo estaría en capacidad de lograrlo", expresó con firmeza. "Sin embargo, sin los recursos, ni el equipo necesarios, va a ser imposible".

El más cínico de todos, inventó mil excusas y se marchó de inmediato, no sin antes exclamar con gran sarcasmo: "¡A quién se le ocurre construir una carretera en este lugar! El mejor consejo es que se olviden de esta locura y dejen las cosas como están".

Durante los primeros dos días, todos los contratistas que evaluaron el proyecto, tarde o temprano, lo rechazaron. La tarea daba la sensación de ser imposible o, en el mejor de los casos, prometía ser tan difícil de realizar en dos semanas que no valía la pena embarcarse en tal faena.

Cuando todo parecía estar perdido, apareció un joven, quien, después de examinar la roca con gran cuidado, acudió a los ingenieros y les informó que, no solo era posible romperla, sino que él era el indicado para realizar tal labor.

Estaba dispuesto a aceptar el reto porque intuía que la culminación exitosa de un proyecto de tal magnitud colocaría su nombre en alto y su negocio prosperaría.

Entusiasmados con su optimismo, y al no tener otra opción, los ingenieros decidieron contratarlo, no sin antes advertirle que, si el trabajo no se completaba en las dos semanas pactadas, no se le pagaría un solo centavo por el esfuerzo realizado.

Al día siguiente, el joven acudió al lugar a estudiar con mayor detenimiento el inmenso peñón, buscando identificar el punto exacto sobre el cual enfocaría todo su esfuerzo. Tras un largo rato de observación, tomó un tizón, marcó una "X" en uno de los lados de la roca y se dispuso a comenzar su tarea de inmediato. El joven sabía que aquello no sería cosa de uno, ni dos días. Tenía claro que debía poner manos a la obra a la mayor brevedad posible y trabajar arduamente si quería completar el trabajo en el plazo convenido. Así que alistó su mejor mazo, organizó su horario de trabajo y comenzó la faena.

Día tras día, venía con su mazo y le propinaba cientos de golpes a la gigantesca roca asegurándose de concentrar todo su esfuerzo en el punto que había marcado desde un principio. Y pese a que no advertía progreso alguno, su voluntad nunca desfalleció ni sucumbió en ningún momento a la tentación de cambiar el punto sobre el cual había decidido concentrar su energía.

Después de tres días de insistente labor, su terca persistencia terminó por llamar la atención de los vecinos de la zona. Algunos de los que habían rechazado el proyecto comenzaron a darse cita en el lugar para observar, con burlona actitud, la terquedad de este joven que se rehusaba a darse por vencido. Y mientras él trabajaba con la seguridad de que obtendría una buena paga, ellos preferían disipar su tiempo criticándolo y burlándose de su decisión de aceptar tan absurda tarea. Aún así, su confianza no flaqueó. Ignorando las críticas y negándose a escuchar a quienes buscaban disuadirlo, él continuó entregado a su labor, aún después de enterarse de que los ingenieros que lo habían contratado ya estaban pensando en otros planes alternos ante la aparente imposibilidad de despejar el camino.

El último día, como de costumbre, el joven llegó temprano a su trabajo y, aunque le quedaran unas pocas horas antes de que venciera el plazo asignado para lograr su objetivo, tomó el mazo y se dispuso a reanudar su faena con el mismo entusiasmo con que había estado trabajando hasta ese momento.

Sus críticos más duros se encontraban allí, ansiosos de presenciar el instante en que él tuviera que aceptar su derrota y capitular sin haber logrado su cometido ni recibir paga alguna después de tanto esfuerzo. Pero él tenía clara su meta y no estaba dispuesto a renunciar a ella cuando sabía que el éxito podía encontrarse a la vuelta de la esquina.

De repente, ante las miradas incrédulas de todos los presentes, después de dar el primer golpe de esa mañana, sorprendentemente, la roca se partió en varios pedazos, despejando el camino. Quienes acudían aquel día por primera vez a ver al joven no podían creer que la roca se hubiese partido después de un solo golpe.

Haciendo caso omiso al bullicio generado entre los espectadores como consecuencia del súbito desenlace, y con evidente placer por haber logrado los resultados que se había propuesto, el joven tomó su mazo y partió para informarles a los ingenieros sobre la finalización del trabajo.

————

Esta narración tiene una característica particular que la hace muy efectiva y es que reúne múltiples personajes que juegan diversos papeles alrededor de un mismo evento. Esto nos permite apreciar las diferentes maneras en que las personas responden ante una misma circunstancia, un aspecto muy importante cuando trabajamos con grupos grandes en los que es inevitable encontrar diferentes tipos de personalidad, múltiples talentos, diversas formas de afrontar los retos y, con seguridad, cada persona está lidiando con una roca que considera imposible de romper.

La historia de *La roca* es ideal para examinar la variedad de enseñanzas que es posible derivar de un mismo relato.

La primera lección es quizá la más obvia: sea cual sea el reto que tengamos frente, siempre encontraremos gente cuya actitud se asemeje a la de quienes evaluaron el proyecto y lo declararon irrealizable. Para unos, su roca puede ser alguna meta que les parece demasiado ambiciosa, un problema aparentemente imposible de solucionar, un sueño que consideran irrealizable o una lista de actividades y tareas por hacer que, de solo pensar en ella, les provoca pánico y angustia. Ellos se darán por vencidos sin tan siquiera haber empezado; harán afirmaciones como: "Este problema es demasiado grande, va a ser imposible solucionarlo", "La meta es exagerada, no creo que sea factible alcanzarla", "Tengo demasiadas cosas por hacer, es absurdo creer que voy a lograrlo todo".

Es posible que otros no perciban la meta o el reto que enfrentan como algo imposible de lograr, pero no consideran que ellos sean los indicados para afrontarlo. Se sienten incapaces o incompetentes; no creen poseer el talento o las habilidades para lograrlo. Es común escucharlos utilizar expresiones como: "No soy el indicado para ese trabajo", "Yo no sirvo para eso", "Es factible que otros puedan lograr esa meta, pero en lo que a mí respecta, está muy por encima de mis capacidades reales".

También habrá quienes no crean contar con los recursos necesarios. Pensarán que tal vez, "bajo otras circunstancias sería posible, pero no ahora". Argumentarán que al no tener a su disposición "los medios, ni el tiempo suficientes para hacer bien las cosas", entonces, ¿para qué intentarlo?

Otros cuantos ni siquiera se detendrán a examinar si la meta que se encuentra frente a ellos es viable o no. No les preocupa encontrarle solución al reto que afrontan y poco les interesa saber si cuentan con las habilidades o los recursos para superarlo. Están tan preocupados con sobrevivir, que no tienen tiempo para considerar nuevos desafíos. Tratan siempre de evitar cualquier situación que demande un esfuerzo mayor de su parte y siguen el camino de la menor resistencia, conformes con hacer lo mejor que puedan.

Sin embargo, al igual que el joven de nuestra historia, también encontraremos gente que sueña con lograr grandes cosas. Personas que poseen metas extraordinarias, que enfrentan un reto, por difícil que sea y en lugar de sentarse a pensar si será posible superarlo o no, si están capacitadas para ello o no, o si cuentan con los recursos necesarios, simplemente, actúan.

La segunda gran enseñanza que nos deja *La roca* tiene que ver con el poder de la perseverancia. Para entender esta lección debemos preguntarnos: ¿fue el último golpe el que en realidad rompió la roca?

La respuesta no siempre es tan obvia como en principio se prevé, porque lo cierto es que el último golpe no fue y sí fue el que partió la roca. No fue, puesto que ya había una acumulación de cientos de golpes que, poco a poco, fueron debilitando el interior de la roca. Y sí fue, ya que, si el día anterior el joven hubiera renunciado a su empeño, ante la aparente falta de progreso, nunca hubiese logrado su cometido, ni descubierto qué tan cerca había estado de cumplir con su propósito. Bien decía Emerson: "El verdadero fracasado es aquel que renuncia a su meta sin darse cuenta de lo cerca que se hallaba de lograrla".

Otra gran enseñanza de esta historia es que pone de manifiesto el factor que le permitió al joven lograr tan asombrosa hazaña. Cuando pregunto sobre este punto en mis conferencias, las respuestas más frecuentes que recibo se relacionan con el optimismo y la persistencia del joven. Sin embargo, un factor que suele escapárseles a la mayoría de los asistentes tiene que ver con la decisión que él tomó de concentrar todo su esfuerzo y energía en un mismo punto hasta conseguir su objetivo.

Es muy probable que su tenacidad y paciencia no hubieran dado los mismos resultados si, ante su aparente falta de progreso, él hubiese comenzado a golpear la roca por todos los lados con desesperación. Pero él enfocó su esfuerzo en un solo lugar y esto le permitió lograr lo que buscaba.

No obstante, la persona promedio desconoce o ignora esta increíble fuerza; es demasiado impaciente. Si no obtiene resultados inmediatos, cambia su curso y la falta de enfoque disipa su esfuerzo y diluye el poder de sus acciones. Este tipo de persona es fácil de reconocer porque trata una nueva estrategia de éxito cada semana, pero pronto pierde el ánimo y la abandona.

Una última lección de este maravilloso relato tiene que ver con una actitud muy frecuente entre ciertas personas y es la de buscar el "golpe de suerte" que de un solo envión les abra las puertas del éxito. Ellas viven obsesionadas con encontrar el camino más corto a la felicidad, la fórmula mágica que les devolverá su figura ideal, la manera más fácil para lograr sus sueños, la idea original que las hará ricas y famosas de la noche a la mañana. Lo quieren todo, pero lo quieren ya mismo y no están dispuestas a aprender o a esperar. De hecho, aprenden muy poco del triunfo de otros porque son incapaces de reconocer en los demás los atributos y las razones que los condujeron al éxito. Cuando escuchan la historia de algún emprendedor que lanzó un producto al mercado y este se popularizó convirtiendo a su creador en multimillonario, les oyes decir: "Qué suerte la de aquel...", "Le llegó fácil el éxito...", "Si yo pudiera tener una sola idea como esa...".

Según ellas, su éxito sucedió de la noche a la mañana, fue un golpe de suerte o el resultado de haber estado en el sitio correcto en el momento oportuno. Les sucede lo mismo que a los curiosos que aquella mañana en que el joven logró romper la roca asistían a verlo por primera vez. No pueden creer que todo lo que se necesitó fue un solo golpe.

Cuando me encuentro trabajando o asesorando a emprendedores que desean empezar un nuevo proyecto y tienden a medir o comparar su progreso con el de empresarios ya establecidos, les cuento la historia de *La roca* para que tengan en cuenta el esfuerzo que ellos muy seguramente ya realizaron para llegar adonde están.

Aun así, muchos prefieren vivir con la ilusión —o el delirio, diría yo— de que, si esperan lo suficiente, un día será su turno y les llegará su golpe de suerte. ¡Así que se sientan a esperar! Ignoran que quizá, al igual que el joven de nuestra historia, esos empresarios que triunfaron llevaban años trabajando sin ver mayores resultados y que, lejos de desanimarse, enfocaron su empeño, aprendieron de sus errores y persistieron sin desfallecer hasta ver recompensado su esfuerzo.

A veces creemos que una historia tiene un único mensaje. Pero, como ves, un relato sencillo y descomplicado puede ser la fuente de numerosas lecciones que ilustren múltiples principios de éxito y liderazgo.

En el siguiente capítulo encontrarás algunas herramientas que te ayudarán a desarrollar tus propias historias. Ten presente que el objetivo primordial al usar una historia es conectar con tu interlocutor de una manera auténtica, lograr un vínculo emocional que cree empatía con él y aterrizar conceptos que, de otro modo, no son sino ideas abstractas. Recargar tus relatos de artificios retóricos innecesarios y elementos rebuscados con el ánimo de darles más intensidad o lograr un mayor impacto no solo sale sobrando sino que, generalmente, termina produciendo el efecto contrario. A este respecto, George Lucas, creador de películas como *Indiana Jones y La guerra de las galaxias*, anota que un efecto especial sin una historia no pasa de ser un aburrido artificio.

CAPÍTULO
ONCE

¿PARA QUÉ SIRVE ESTO DE CONTAR HISTORIAS?

*"Sin duda, los contadores de historias
son las personas más poderosas del planeta.
Son ellos quienes establecen
la visión, los valores y la dirección
que guiarán a las generaciones por venir".*
—Steve Jobs

En la Antigüedad, el poder de las historias radicaba en su capacidad para ofrecer una explicación que ayudara a entender algún acontecimiento: una circunstancia difícil, un fenómeno natural, una catástrofe, un triunfo o una derrota. La razón era sencilla, nada ocurría por coincidencia. Todo tenía su razón de ser. Las cosas sucedían por designio del destino o por disposiciones divinas, y quienes proveyeran los relatos más convincentes para explicar lo ocurrido lograban acaparar la atención de las audiencias más grandes y receptivas.

Con el tiempo, los contadores de historias comenzaron a ganar notoriedad y a ocupar posiciones de autoridad. Se convirtieron en los sabios de las tribus que, a través de fábulas y metáforas, buscaban aclarar la razón de ser de algún evento que se saliera de lo normal. También fueron los sacerdotes y sacerdotisas que, mediante alegorías y leyendas, interpretaban los designios del oráculo; o los consejeros del rey quienes, utilizando historias y relatos, ofrecían una justificación que explicaba un resultado adverso en el campo de batalla. Lo más interesante de todo es que muchos gobernantes tomaban decisiones trascendentales basadas en estas historias.

No es de extrañar entonces que, aún hoy, utilicemos historias para explicar el porqué de ciertos eventos o para entender mejor cualquier tipo de información, resultados o comportamientos.

En el capítulo introductorio del libro indiqué que los mejores comunicadores, los escritores, líderes o empresarios más sobresalientes en su campo son aquellos que se han dado a la tarea de cultivarse en el arte de contar historias. Basta con echar un vistazo a nuestro alrededor para encontrar numerosos ejemplos que respaldan esta afirmación.

Lo importante ahora es determinar si tú estás dispuesto a aceptar el reto de convertirte en un contador de historias. Espero que cada uno de los relatos que he compartido te hayan proporcionado suficientes argumentos para responder a este interrogante de manera afirmativa. Si es así, solo resta que descubras el por qué, el cuándo y el cómo de esta práctica que puede transformar totalmente la manera en que te comunicas a nivel personal, profesional y empresarial.

¿Por qué contar historias?

Sin duda, dominar este oficio de contar historias marca una gran diferencia al momento de hablar de tu negocio con un nuevo prospecto o al compartir una idea, ya sea con tu hijo, tu cliente o con un miembro de tu equipo de trabajo. Hay tres razones fundamentales por las que esto ocurre:

1. Las historias son inolvidables. No importa qué tan convincentes e irrefutables sean los números y los porcentajes que presentes, lo más probable es que la mayoría de las personas les presten poca atención y los olviden pronto. Pero, cuando presentas esta información en el marco de una historia contundente y sugestiva, captas la atención de quienes te escuchen y logras que ellos la recuerden con mayor facilidad.

Cuando queremos compartir una idea, lo primero que se nos ocurre es buscar un argumento convincente, un dato o una cifra concreta. Creemos que este tipo de información empírica tendrá un poder de persuasión mayor. No obstante, como mencioné antes, nuestro cerebro no está programado para retener cifras y datos por mucho tiempo, pero sí para entender y retener historias.

En un estudio realizado con un grupo de veinte estudiantes universitarios, se le pidió a cada uno de ellos hacer una presentación de una propuesta de negocio frente a sus compañeros. Como era de esperar, todos incluyeron dos o tres datos estadísticos y proyecciones como parte de su exposición, y solo uno de ellos utilizó una historia. Diez minutos más tarde, el investigador les solicitó a todos los estudiantes que escribieran lo que recordaban acerca de cada una de las propuestas que escucharon. Solo el 5% logró acordarse de alguna de las cifras o estadísticas mencionadas, mientras que el 63% recordaba la historia.

2. Las historias involucran emocionalmente a quienes las escuchan. Cuando nos conectamos con nuestros oyentes echando mano de anécdotas interesantes, entretenidas e informativas, ellos no solo las recuerdan mejor, sino que estarán deseosos de escuchar más de lo que tenemos para decirles. Además, las historias logran crear en ellos esa emoción que inspira compromiso y decisión.

Más importante aún, los mensajes que comunicamos a través de una buena historia consiguen que nuestra audiencia se conecte e identifique tanto con el mensaje como con el mensajero, evocando en cada asistente esa sensación de "a mí también me sucede lo mismo" que lo invita a confiar más en nosotros.

Lo curioso es que, con frecuencia, le prestamos poca atención al hecho de establecer ese vínculo emocional con nuestro interlocutor. Olvidamos que el carácter del ser humano es dual: intuitivo y emocional, de un lado; racional y calculador, del otro. En el mundo de los negocios, por ejemplo, existe la tendencia a ignorar la parte emocional y a tratar de conectarnos con los demás a nivel puramente racional sin entender que esta conexión racional pocas veces es suficiente para establecer una relación profunda y duradera.

3. Las historias inspiran acción. Cuando compartimos una oportunidad de negocio con un prospecto, discutimos un plan de acción con nuestro equipo de trabajo o realizamos una demostración de un producto frente a nuestro cliente, el objetivo —aparte de informar— es lograr influir y motivar a nuestro interlocutor a que actúe basado en la información que le estamos presentando.

Ahora bien, es claro que los números, las cifras, los porcentajes y las estadísticas pocas veces nos ponen en movimiento. Pero el mensaje que transmite una historia sí tiene el poder de inspirarnos a actuar y a realizar cambios en nuestra actitud y conducta.

Cuando la historia le llega al oyente, él se da cuenta de que le están hablando de un sentimiento o una situación que él mismo ya ha experimentado, lo cual crea empatía con el personaje del relato, pero además, incrementa su confianza en quien le está narrando la historia. Esto hace que él comience a abrir su mente a lo que está escuchando, que baje la guardia y abandone esa actitud defensiva que, con frecuencia, lo único que hace es generar duda y escepticismo.

¿Cómo contar historias que lleguen?

Cada contador de historias personaliza lo que narra. Él o ella saben que su efectividad está tanto en lo que cuentan como en su manera de contarlo y entienden que lo más importante no es necesariamente el mensaje que transmiten, sino las emociones que generan.

Por lo general, una historia está dividida en tres actos. El primer acto es la introducción, la presentación del contexto, las circunstancias o el reto planteados por el relato. Esta primera parte nos muestra qué es lo que afecta y motiva al personaje principal a superar su problema. El segundo acto lo constituye el cuerpo de la historia. Aquí conocemos el conflicto que enfrenta el personaje y la lucha que debe realizar para superarlo. Y el tercer acto es la conclusión, la resolución del conflicto, dada por una propuesta que haga evidente la necesidad de tomar decisiones y actuar.

Este último punto es vital ya que, si bien la narración nos estimula a aprender la lección que encierra, para que este aprendizaje tenga impacto en nuestra vida, debe producir cambios en nuestro comportamiento, lo cual solo es posible mediante una acción concreta y decidida.

Teniendo en cuenta estos tres actos, ¿cómo armas tu historia?

Una de las grandes ventajas que ofrecen las historias es que son adaptables a cualquier audiencia o circunstancia, logrando de esa forma una mayor conexión emocional con quien nos escucha. Ten presente que el objetivo no es contar la historia sino lograr que tu audiencia la viva contigo, la sienta y logre identificarse con ella. Existen varios elementos que te ayudarán a lograr ese resultado:

1. Recordar que tú eres el personaje central de toda historia. El contador de historias sabe que él tiene el papel protagónico en cada uno de sus relatos y que todos los demás personajes son secundarios. ¿A qué me refiero? En cierto sentido, toda historia es autobiográfica, ya sea porque a través de la narración revelas un suceso de tu vida que desencadenó en ti un cambio importante o porque dejas ver algunas de tus creencias o valores personales. Tus historias son únicas porque les permiten a los demás conocerte mejor. Tus vivencias llevan implícito ese sello personal que deja al descubierto tus verdaderos sentimientos, tus emociones auténticas. Recuerda que no se trata de contar por contar. De ser así, no pasarás de ser un cuentero o un cuentachistes. Toda historia debe tener un propósito, una razón que haga que ese mensaje vincule emocionalmente a quienes te están escuchando.

2. Seleccionar la historia apropiada para cada audiencia. Los contadores de historias más exitosos piensan en su audiencia mucho antes de estar frente a ella. Conocen a quienes se dirigirán, saben cuales son sus necesidades, sus fortalezas y debilidades, y los retos que, muy posiblemente, están enfrentando. Todo este conocimiento es el que les permite seleccionar el relato perfecto para cada ocasión, moldearlo y adecuarlo para que responda a las necesidades de la audiencia al tiempo que les permite lograr los objetivos que se hayan propuesto. La escritora Annette Simmons, experta en storytelling, anota que, "al final, una buena historia es la que no se olvida con el paso del tiempo. Quizás no es la historia perfecta, ni la más contada, pero es la historia que tiene más sentido para un mayor número de personas".

3. Escoger historias que reten a los demás a actuar. Como mencioné en la sección anterior, de poco sirve el hecho de involucrar emocionalmente a tu audiencia si pierdes la oportunidad de confrontarla con la necesidad de tomar acción inmediata. Reta a quienes te escuchen a que se pongan en movimiento y sean más fuertes que los temores y las inseguridades que no les han permitido actuar hasta el momento. Una narración que despierta emociones, que cuestiona y sugiere opciones, pero no nos reta a actuar, está incompleta. Es como si tu médico te dijera que estás enfermo, pero no te indica qué tratamiento seguir, ni qué cuidados tener, ni si necesitas algún medicamento. Con seguridad, pensarías que la consulta de poco te sirvió, ya que tu médico lo único que consiguió fue angustiarte y preocuparte, pero no te dio posibles soluciones.

4. Aprender a involucrar todos los sentidos de tu audiencia. Cuando tú hablas, todo tu cuerpo habla. El 93% de lo que comunicas al hablar no tiene que ver con lo que estés diciendo, sino con todos los rasgos propios de la comunicación no verbal: tu tono de voz, gestos, mirada, postura, movimientos y todo lo demás que implica el lenguaje corporal. Cada uno de estos elementos paralingüísticos les agregan o restan convicción y seguridad a lo que tus historias buscan comunicar.

La programación neurolingüística propone tres modos o mapas mentales mediante los cuales el ser humano percibe e interpreta el mundo que le rodea: visual, auditivo y kinestésico. Los visuales, ven el mundo; los auditivos, lo oyen; y los kinestésicos, lo sienten. Cuando te encuentres frente a un grupo puedes estar seguro de que los asistentes te percibirán según sea su tipo de mapa mental. Así que asegúrate de que tus relatos incluyan imágenes que capten la atención de los asistentes visuales; utiliza un variado juego de volúmenes y tonalidades de voz que estimulen a los asistentes auditivos e incluye la participación física que tanto les transmite a los kinestésicos. De esta manera, todos y cada uno de los asistentes utilizarán mejor su imaginación para visualizarse dentro del contexto de lo que buscas proyectar.

5. Mantener un nivel de energía que contagie a tu audiencia. Es simple: la pasión, ni el entusiasmo se pueden inventar. Si no crees en lo que estás compartiendo, ten la plena seguridad de que tu audiencia lo notará de inmediato y tampoco lo creerá. Ahora, no se trata de llenar tu historia de artificios y efectos que lleven a tu audiencia a lo largo de una montaña rusa emocional. El objetivo es que lo que cuentes posea una energía autentica que le permita a tu oyente conectarse emocionalmente con lo que dices, que le ayude a desarrollar empatía tanto con el mensaje como contigo, de tal manera que esté dispuesto a dejarse influenciar por tus ideas. Y esto solo lo logras cuando despliegas un alto nivel de energía. Estoy convencido de que hasta el mejor relato pasará desapercibido si tu nivel de entusiasmo es bajo. Recuerda que no es lo que digas, sino cómo lo digas. Una manera de involucrar a los demás en tus historias es logrando su participación: hazles preguntas, dales la oportunidad de expresar sus emociones, pídeles que se visualicen en el papel del personaje principal. Todas estas estrategias les permitirán recordar con mayor facilidad tu historia y la información que deseabas compartirles. No olvides que no se trata de que la gente te escuche pasivamente, sino de que viva la historia junto contigo.

¿Cuándo contar una historia?

Para responder a esta pregunta, primero debemos considerar cuál es el propósito de lo que queremos comunicar, ¿cuál es el objetivo que perseguimos como empresarios, profesores, asesores, padres o profesionales involucrados en procesos de coaching al compartir una idea?

En general, la comunicación cumple diversas funciones: informar, persuadir, motivar o tener acceso a información. Sin embargo, en los contextos que he citado a lo largo del libro, el objetivo de la comunicación no se limita a dar a conocer cierta información. Nos comunicamos para establecer mejores relaciones interpersonales; para discutir e intercambiar ideas de manera abierta con el fin de solucionar discrepancias o conflictos; para trabajar con otras personas en el logro de metas comunes o con el propósito de motivarlas a realizar cambios específicos.

En cualquier caso, al comunicarnos, buscamos influir en los demás, ya sea consolidando o modificando una conducta, creencia u opinión que ellos tengan respecto a algo que nosotros consideramos importante. En tal sentido, podemos decir que la comunicación es efectiva cuando logramos conectarnos con ellos de una manera auténtica, haciéndoles explícita la importancia de actuar, de cambiar. Y si un cuento o una anécdota nos ayuda a involucrarlos a nivel emocional, estaremos en posición de jugar un papel más relevante en su proceso de toma de decisiones porque, si bien la lógica de nuestras ideas logra hacerlos pensar o recapacitar, son sus propias emociones las que lograrán que ellos actúen.

Veamos algunas circunstancias en las que una historia marca una gran diferencia al momento de compartir nuestro mensaje:

1. Al presentar una oportunidad de negocio. Uno de los retos más grandes de todo emprendedor o empresario es comunicarles de manera efectiva el valor de su propuesta a sus clientes, prospectos, socios, o equipo de trabajo. En ocasiones, el entusiasmo que sienten por su negocio, erróneamente, los lleva a asumir que, con solo compartir la oportunidad de negocio, las cifras, los beneficios de su producto, o las ganancias y proyecciones, quien sea que los escuche quedará igual de entusiasmado a ellos.

Una y otra vez, encuentro empresarios que, durante conversaciones informales, me hablan con tal pasión y convicción que de inmediato los imagino en un escenario compartiendo su oportunidad de negocio con un optimismo capaz de cautivar hasta al menos emprendedor de los asistentes. No obstante, una vez en escena, sus presentaciones resultan monótonas e insípidas porque caen en la trampa de creer que a su audiencia lo único que le interesa son las cifras, los números y los resultados. Así que olvidan compartir su historia personal, ignorando un hecho que es cada vez más evidente: las personas valoran más todo aquello que las toca, las mueve y las inspira.

Un ejemplo de esto ocurre en la industria del network marketing. Siempre he creído que muchos de quienes entran al negocio no lo hacen porque la presentación los haya dejado totalmente convencidos del exitoso historial de la empresa, ni por los beneficios y la calidad incuestionables de los productos, ni por el gran potencial de ganancias del plan de compensación. Sin duda, todo esto es importante; el problema es que muchos escuchan con gran escepticismo y aun después de digerir toda esta información siguen sin estar seguros sobre qué decisión tomar. Al final, quienes entran lo hacen por otras razones de mayor peso. Quizá porque se ven identificados con un aspecto muy personal de la historia de vida del presentador o porque algo en su exposición logró involucrarlos en un plano más emocional y pensaron: "Esto es para mí…". Esto es lo que logran las historias.

2. Al posicionar una marca o un producto. Según Seth Godin, el gurú de la mercadotecnia: "El marketing ya no se trata de los productos que vendes, sino de las historias que cuentas". Una marca es toda una serie de expectativas, recuerdos, historias y relaciones que, puestas juntas, explican el porqué un cliente elige un producto en lugar de otro. Debido a esto, la técnica de contar historias ha ganado enorme relevancia en las últimas décadas y se ha posicionado como una poderosa herramienta de comunicación en el área de mercadeo.

Todos estamos familiarizados con el poder que tiene el uso de un relato dramático en un comercial de televisión o con la fuerza persuasiva que carga el testimonio de un cliente que relata cómo determinado producto logró satisfacer sus necesidades. Aun así, muchas empresas han optado por ir un poco más lejos incorporando narrativas más personalizadas a sus estrategias de mercadeo. Ellas se han dado cuenta de que las historias les permiten captar a sus clientes potenciales con mayor facilidad que los esfuerzos meramente publicitarios.

Mediante el uso de las historias, Steve Jobs, fundador de Apple, logró posicionar un producto que todos queríamos tener. Nike valora tanto el poder de las historias que designó a sus ejecutivos como "sus contadores de historias corporativos". Un libro entero no alcanzaría para documentar el gran número de empresas como Apple, Disney, Starbucks, Facebook y muchas otras que han adoptado el arte de contar historias como parte de su cultura corporativa porque han entendido que —ya sea que se trate de compartir la misión de su empresa, vender sus productos o demostrar su compromiso para con la atención y el servicio al cliente— esta es una poderosa herramienta que marca la diferencia entre ser el punto de referencia en el mercado o, simplemente, convertirse en una marca más.

De mi propia experiencia, en una visita a la Feria del Libro de Frankfurt hace algunos años, una sola historia que desarrollé en un par de días para ofrecer uno de mis libros me permitió generar negocios por más un cuarto de millón de dólares. Así que, como ves, no debemos subestimar el poder de las historias.

3. Al ayudarle a alguien a enfrentar un reto, sobreponerse a una caída o superar un temor. Ya sea que estemos compartiendo con un nuevo distribuidor una estrategia de liderazgo que le ayude a superar un temor recurrente, o enseñándole a un estudiante un principio fundamental para triunfar en su profesión, o aconsejando a un hijo sobre la manera correcta de enfrentar un reto y sobreponerse a un fracaso, tenemos varias alternativas a nuestra disposición.

Sin duda, la forma más efectiva de enseñar es en el campo de batalla, allí donde las cosas suceden y nadie tiene que contártelas porque las estás viviendo. Esa es la manera más eficaz de asimilar un concepto, ya que pocas técnicas enseñan más y mejor que el ejemplo y la acción. La única manera de superar una caída es levantándote e intentándolo de nuevo; el remedio más eficaz contra el temor es la acción; el líder aprende a dirigir dirigiendo, de igual manera que el pintor aprende pintando y el escritor, escribiendo. Lo mismo sucede con el desarrollo de cualquier destreza, el secreto está en la práctica y la constancia.

Ahora bien, ¿qué sucede cuando esto no es posible? ¿Qué hacer cuando ni siquiera logramos que nuestro estudiante, distribuidor o hijo consideren la posibilidad de atreverse a saltar al campo de juego? En tal caso, aún tenemos un par de opciones más a nuestras disposición para ayudarles.

El camino menos efectivo es abordar el tema en cuestión de un modo didáctico, tal como lo haríamos en un salón de clase. Curiosamente, esta es la táctica que las personas escogen con mayor frecuencia.

Veamos un ejemplo. Supongamos que la persona a quien estás asesorando o aconsejando está frustrada porque siente que se ha quedado estancada, que no avanza pese a estar ocupada todo el día. Ante esto, tú quieres que ella entienda que estar ocupada no es sinónimo de estar siendo productiva; que es esencial verificar que todo aquello que la mantiene ocupada es lo que en verdad debería estar haciendo con su tiempo.

Para lograr tu propósito, te sientas con ella y comienzas por definir lo que es productividad, examinando los factores que afectan el rendimiento y aclarándole las diferencias que existen entre eficiencia y efectividad. Luego, le muestras algunas cifras y porcentajes que confirmen estas diferencias y finalizas con una fórmula que le permita calcular su productividad personal a partir de los logros obtenidos y el tiempo invertido. En síntesis, realizaste un análisis lógico y racional del problema que ella enfrenta. Le mostraste las consecuencias negativas de no hacer nada al respecto e identificaste algunas conductas que ella debe cambiar.

Satisfecho con las recomendaciones que le hiciste, das por terminada tu reunión. Dos semanas más tarde, descubres que, pese a haberle encontrado todo el sentido del mundo al análisis que hicieron y, a estar de acuerdo con tus sugerencias, tu cliente, estudiante o hijo ya olvidó los conceptos que con tanto cuidado le expusiste, nunca realizó ningún cambio y todo continúa igual. ¿Te ha sucedido esto alguna vez?

¿Cuál es el problema? Sencillo. Si bien lo racional de tus planteamientos logró hacerle pensar y cuestionarse sobre su manera de actuar, eso no fue suficiente para conseguir que cambiara. Recuerda que la lógica te hace pensar, pero son las emociones las que te harán actuar.

Esto nos trae a la tercera manera de enseñar y es mediante el uso de las historias. Ahora, es claro que las historias no son instrucciones, ni cifras, ni conceptos o pasos a seguir, pero sí tienen algo que ni las cifras ni las instrucciones tienen: la capacidad de conmover, de persuadir, de agitar emociones que nos retan a tomar acción. El relato apropiado logra que, quien lo escucha, se concientice de las circunstancias que está afrontando y las vea con otros ojos.

Para continuar con nuestro ejemplo, imagínate si en lugar del análisis lógico de la productividad que realizaste, compartes una historia como la de Las orugas procesionarias. Como recordarás, Fabre realizó este experimento enfilando a un grupo de estos gusanos hasta que formaron un círculo sin fin en el que el primero terminaba siguiendo al último. Tras verlos marchar durante un par de días, el científico les colocó algo de comida en el centro del círculo. A pesar de ello, las orugas continuaron marchando y dando vueltas sin percatarse de la presencia de la comida, ni prestarle atención a lo absurdo de su labor. Después de unos días, todas cayeron muertas de hambre y cansancio. El experimento ilustra con absoluta claridad lo que sucede cuando caemos en la trampa de confundir actividad con resultados. Los pobres gusanos caminaron y caminaron sin detenerse a cuestionar si lo que estaban haciendo tenía sentido o no, ni si su marcha sin fin los estaba conduciendo a alguna parte.

Es mucho más probable que un relato como este logre que nuestro interlocutor visualice con mayor claridad el dilema que enfrenta con sus actividades diarias y se motive a actuar, ya que le estás describiendo un sentimiento y una situación similar a la que él mismo está experimentando.

Esa es la ventaja de las historias. Te ayudan a aterrizar conceptos, a entenderlos. Porque hablar de la trampa de "confundir el estar ocupado con el estar siendo productivo" a través de una historia como la de Las orugas procesionarias produce en el oyente esa sensación de "a mí también me sucede lo mismo" que hará que él identifique plenamente con el mensaje y decida hacer algo al respecto.

¿Ves lo sencillo del proceso? Primero, captas la atención de tu interlocutor con una pregunta que le ayude a identificar el problema; luego, le compartes una historia mediante la cual aprecie el reto que enfrenta; y finalmente, juntos arriban a una respuesta que le permita desarrollar una estrategia de acción.

Espero que hayas disfrutado cada uno de los relatos que seleccioné para este libro. Mi propósito principal al compartirlos contigo es que veas que tú también tienes el potencial para crear, desarrollar, adaptar y producir tus propias historias.

Te deseo muchos triunfos en este hermoso y gratificante camino como contador de historias.

EPÍLOGO

*"Uno de los beneficios del storytelling
es ayudarles a los demás a descubrir
que dentro de cada uno de ellos
también se encuentra un contador de historias".*
—Jack Zipes

¿Qué buscamos al comunicar una idea? ¿Qué fin perseguimos al compartir una oportunidad de negocio con un prospecto, al hablarle de nuestro producto a un nuevo cliente o al ofrecerle un consejo a un hijo? Como mencioné en el capítulo anterior, es obvio que el objetivo no es uno solo; deseamos informar, aclarar dudas, dar opiniones, hacer sugerencias, pero, por sobre todo, buscamos persuadir, influir en sus decisiones y motivarlos a cambiar una conducta o a actuar de acuerdo a aquello que les estamos comunicando.

Y como hemos visto, una historia nos ayuda, sin lugar a dudas, a comunicar nuestras ideas de tal manera que produzcan un mayor impacto. En muchas ocasiones, la historia apropiada es el factor que hace la gran diferencia en lograr que el mensaje conmueva y no pase desapercibido. Las historias contribuyen a crear un vínculo emocional con los demás que genera mayor confianza y nos da la oportunidad de jugar un papel más relevante en el proceso de tomar decisiones.

Lo importante ahora es determinar cómo utilizar el arte del storytelling para incorporar tus propias historias en tus presentaciones de negocios, conferencias, asesorías y conversaciones, en general. Antes de que cierres este libro, quiero pedirte que pienses por unos instantes en tu función como contador de historias.

Recuerda que el contador de historias no se limita a relatar anécdotas, ni a narrar fábulas y leyendas, ni se contenta con reciclar relatos que formen parte del consciente colectivo, como lo haría cualquier otra persona. El contador de historias va mucho más allá. Él o ella tienen claridad en cuanto a la información que desean compartir y buscan la historia idónea que la complemente y le dé vida a su presentación. Si no la encuentran, la imaginan, la crean. Esa es quizá la parte más relevante de su trabajo, pero no la única importante.

El contador de historias sabe que el objetivo de lo que hace no es solo crear un efecto, ni causar una emoción pasajera. Entiende que los conceptos, ideas y principios que comparte en sus charlas, en ocasiones, corren el riesgo de ser olvidados. Pero, si ha hecho bien su tarea acompañándolos con relatos contundentes, descubrirá que, inclusive muchos años después, las personas aún recuerdan las historias. Y al recordarlas, vuelven a tener presentes los conceptos e ideas que estas buscaban ilustrar.

Pero ahí tampoco termina su trabajo. Él sabe que también es responsable de hacer que sus historias evolucionen, que no se queden obsoletas, ni caigan en el anacronismo de modo que siempre respondan a las realidades de la época en que las está contando.

Y ahora… a seguir creando y contando historias, y nos vemos en la cumbre del éxito.